오늘,
표현하기 가장 좋은 날!

_____ 님께 드립니다.

_____년 _____월 _____일

_____

관계와 소통의 심리학

표현해야 사랑이다

이민규 지음

끌리는책

* 이 책은 한국출판문화산업진흥원의 출판콘텐츠 창작자금을 지원받아 제작되었습니다.

표현해야 사랑이다

초판 1쇄 발행 2017년 5월 8일
초판 8쇄 발행 2021년 8월 27일

지은이 이민규

펴낸이 김찬희
펴낸곳 끌리는책

출판등록 신고번호 제25100 -2011-000073호
주소 서울시 구로구 연동로11길9, 202호
전화 영업부 (02)335-6936 편집부 (02)2060-5821
팩스 (02)335-0550

이메일 happybookpub@gmail.com 페이스북 happybookpub
블로그 blog.naver.com/happybookpub

ISBN 979-11-87059-23-3 03190
값 14,800원

종은 울려야 종이고,
사랑은 표현해야 사랑이다!

사랑은 표현해야 사랑이다

우리 인생에서 관계와 소통만큼 중요한 것은 없습니다. 아무리 성공하고 아무리 돈이 많아도 관계와 소통에 문제가 있다면 결코 행복할 수 없습니다. 제아무리 능력이 뛰어나고 아이디어가 좋아도 관계와 소통에 문제가 있다면 결코 비즈니스에서 성공할 수 없습니다.

가벼운 우울증부터 심각한 정신병까지 모든 심리장애에는 관계와 소통의 문제가 작용합니다. 크고 작은 비즈니스 문제 역시 그 중심에는 관계와 소통의 문제가 있습니다. 자녀와의 관계에서부터 국가 간의 분쟁에 이르기까지 크고 작은 모든 갈등 의 이면에는 언제나 관계와 소통의 문제가 깔려 있습니다.

따라서 지금보다 더 행복하고 성공적인 삶을 살기 위해서는 무엇보다 먼저, 관계와 소통을 개선해야 합니다. 그러려면 마음속의 좋은 생각들을 적절하게 표현할 수 있어야 합니다.

그래서 상담을 할 때 생각만 하지 말고 마음속에 담아둔 좋은 생각들을 표현해보라고 권합니다. 그러면 "마음이 중요하지 그걸 꼭 말로 해야 합니까?" 하고 반문하는 사람들이 많습니다. 맞습니다. 마음도 중요합니다. 그러나 표현은 더 중요합니다. 개인적인 영역에서든 비즈니스 영역에서든 모든 관계는 두 가지 함수로 결정되기 때문입니다.

관계 = 마음 × 표현

자녀에 대한 사랑이 100점 만점에 100점이라 해도 표현이 0이라면 자녀와의 관계는 엉망(제로)이 됩니다(100 × 0 = 0). 고객에 대한 서비스 정신이 아무리 투철해도 그 마음이 고객에게 제대로 전달되지 않는다면 고객과의 관계 역시 좋아질 수 없습니다.

가족과의 관계에서부터 부하직원이나 상사 및 고객이나 거래처를 포함한 비즈니스 관계에 이르기까지, 상대방에 대한 사랑과 배려, 서비스 정신은 마음속에만 담아두면 의미가 없습니다. 표현해야 합니다. 어떤 식으로든 상대에게 적절하게 전달되어야 합니다.

그런데 왜 표현이 잘 안 될까요? 표현이 얼마나 중요한지 모르기 때문입니다. 설사 안다고 해도 표현방법을 공부하고 연습할 기회를 갖지 못했기 때문입니다. 사랑이란 마음속에 담고만 있어도 저절로 전달되는 감정이 아니라 의도적으로 선택하고, 공부하고 연구하고 연습해야 하는 일종의 기술이며 예술입니다.

대상이 누가 되었건 표현되지 않은 선의는 선의가 아닙니다. 아무리 마음속에 사랑을 가득 담고 있다 해도 그것을 표현하지 않는다면, 그건 마치 값비싼 선물을 사서 예쁘게 포장까지 해 놓고 서랍 속에 넣어두는 것과 같습니다. 좋은 생각은 마음속에 담아두지 말고 표현해야 합니다. 종은 울려야 종이고, 사랑은 표현해야 사랑입니다. 울리지 않은 종은 쇳덩어리에 불과하고 표현되지 않는 사랑은 단지 생각에 불과할 뿐입니다.

관계와 소통의 시작은 가정입니다

몇 년 전 여성가족부에서 아버지들을 대상으로 실시했던 조사에서 '자녀가 고민이 생길 경우 가장 먼저 나와 의논한다'는 설문에 자신 있게 '예'라고 답한 아버지는 50.8%였습니다. 그러나 똑같은 설문에 대해 10대 자녀들은 단지 4%만 '예'라고 대답했습니다. 참으로 서글픈 동상이몽입니다. 부모와 자녀의 생각이 왜 이렇게 다를까요? 그것은 부모들이 사랑하는 마음을 제대로 전달하지 못하기 때문입니다.

아버지들은 자녀에 대한 관심과 사랑을 마음속에 가득 담고 있으니 그것이 충분히 전달됐을 거라고 생각합니다. 하지만 자녀들은 그것을 제대로 전달받지 못했기 때문에 이런 안타까운 결과가 나오는 것입니다.

한 취업 포털사이트에서는 5월 8일 어버이날에 대학생들을 대상으로 부모님에게 가장 하기 힘든 말이 무엇인지 조사했습니다. 1위가 '사랑합니다'였습니다. 그렇다면 부모들이 자식들에게 가장 듣고 싶은 말은 무엇이었을까요? 그 역시 '사랑한다'는 말이었습니다. 그런데 우리나라 대학생 자녀들은 세상에서 자기를 가장 사랑하는 부모님이 가장 듣고 싶은 말을 왜, 가장 하기 힘들어했을까요? 우리 부모들이 먼저 자녀에게 사랑한다는 표현을 하지 않았기 때문입니다.

상담을 하다 보면, 아이들 키우기가 힘들다는 분이 참 많습니다. 오죽하면 농사 중에 제일 어려운 농사가 자식농사라고 하겠습니까? 여러분은 어떠신가요? 저는 아버지가 된 지 34년이나 지났지만 지금도 어렵습니다.

1979년 노벨 평화상을 수상한 테레사 수녀님에게 어떤 기자가 물었습니다. "세계평화를 위해 가장 중요한 일이 무엇일까요?" 수녀님은 이렇게 대답했습니다. "집으로 가십시오. 가족을 사랑하십시오." 만약 우리가 테레사 수녀님에게 "고객들에게 감동을 주고, 제 사업을 크게 성공시키고 싶습니다. 어떻게 해야 할까요?"라고 묻는다면 수녀님은 아마도 이렇게 대답하시지 않았을까요? "가까이 있는 동료나 상사부터 감동시키십시오."

가까운 사람을 대하는 태도가 그 사람의 진짜 인품입니다. 자녀나 배우자를 온화하게 대하고 기쁘게 할 수 있는 사람이라면, 비즈니스에서 만나는 사람들도 감동시킬 수 있습니다. 함께 일하는 직원들과 좋은 관계를 맺고 소통을 잘할 수 있는 사람이라면 고객이나 거래처도 감동시킬 수 있습니다.

공동 저자가 되어 주십시오

모든 일이 그렇듯이 이 책이 세상에 나오게 된 데는 작은 계기가 있습니다. 어느 날 제 강의를 들었던 학부모 한 분이 '강의를 들을 때는 여러 가지를 깨달은 것 같았는데 며칠 지나니 금세 가물가물해진다'면서 강의 내용을 책으로 만들어주면 좋겠다는 내용의 메일을 보내주셨습니다. 얼마 전에는 자녀와의 소통에 관한 강의를 요청했던 기업의 임원 한 분이 아래와 같은 요지의 메일을 보내주셨습니다.

"지난번 교수님의 강의는 자녀를 두고 있는 저희 직원들이 부모로서 어려움을 해소하는 데 좋은 팁이 되었습니다. 그런데 강의에서 소개해주신 관계와 소통에 관한 원리들은 부모와 자녀의 관계뿐 아니라 회사 내 커뮤니케이션에도 큰 도움이 될 것 같습니다. 그래서 이번에는 전 임직원을 대상으로 다시 강의를 요청드립니다."

그렇습니다. 어디서 무슨 일을 하건 소통만큼 중요한 것은 없습니다. 원만한 소통은 가정에서뿐 아니라, 일터에서도 무엇보다 중요합니다. 그런데 그 어떤 관계보다 가족 간의 소통이 가장 중요합니다. 왜냐하면 가정에서 보이는 소통방식이 밖에서도 그대로 반영되고, 가족관계에서 작용하는 소통 원리들은 다른 관계에서도 똑같이 작용하기 때문입니다.

그리고 앞에서 언급한 것처럼 이 책은 제 강의를 들었던 청중들의 요청으로 세상에 나오게 되었습니다. 그래서 강의장의 분위기를 살리기 위해 구어체로 썼습니다. 하지만 강의는 다른 청중들과 함께 반응을 하면서 듣는 반면, 책은 주로 조용한 곳에서 혼자 읽기 때문에 책을 읽을 때 불편하게 느낄 수 있는 강연장의 구어체 표현은 눈으로 읽기 편한 문장으로 다듬었습니다.

그럼에도 불구하고 현장감을 살리기 위해 강연장에서의 말투를 그대로 살린 부분도 있습니다. 책을 읽다가 혹시 이런 부분과 마주치면 잠시 강연장에서 다른 청중과 함께 강의를 듣고 있다고 상상하면서 책을 읽어주시면 좋겠습니다.

소중한 시간을 투자해서 이 책을 읽기로 결심했다면, 그냥 수동적으로 읽지는 마십시오. 반드시 연필이나 볼펜을 들고 읽어주십시오. 책을 읽다가 새겨두고 싶은 내용이 나오면 밑줄을 긋고 별표나 느낌표 등 자기만의 기호로 흔적을 남겨보십시오. 읽으면서 떠오른 생각이나 실천하고 싶은 결심은 즉시 책의 여백에 적어두십시오.

그리고 책을 읽고 난 다음엔 자신이 남긴 흔적을 다시 한 번 훑어보고, 작은 일 한 가지라도 실천하십시오. 그렇게 실천할 때 비로소 이 책은 진정 여러분의 소유가 될 것이고, 독자 여러분은 저와 함께 이 책의 공동 저자가 될 것입니다.

아는 것만으로는 부족합니다. 실천해야 합니다. 느끼는 것만으로는 부족합니다. 표현해야 합니다. 독자 여러분 모두 이 책을 통해 더욱 더 행복한 가정을 이루고, 여러분이 일하는 분야에서 남다른 성과를 내고 성공적인 삶을 살아갈 수 있기를 기원합니다.

2017년 4월 어느 날
율곡관에서
이민규

차례

3부

How – 사랑의 표현, 어떻게 실천할 것인가 〜〜〜〜
멀리 내다보되, 작게 시작한다

1부

Why

감성 소통, 왜 중요한가

인간은 합리적인 존재가 아니다

좋아하면
판단할 필요가 없다

인간은 합리적인 존재가 아니라 합리화하는 존재다.
— 레온 페스팅거

아이가 초등학교 때는 안 그랬는데, 중학교나 고등학교에 올라가면 점점 학교 가기 싫어하죠? 물론 공부할 내용이 많아지니까 그렇겠죠. 그런데 어느 날은 시간표를 보면서 "어, 이 선생님 수업이 1교시네? 빨리 가자!" 이럴 때도 있죠?

반대로 "아, 짜증나! 그렇지 않아도 학교 가기 싫은데, 이 선생님 수업이 첫 시간이라고?" 이런 날도 있겠죠? 그런데 두 선생님이 동시에 숙제를 내준다면 아이는 과연 어떤 숙제부터 할까요? 네, 특별한 문제가 없는 한 당연히 좋아하는 선생님이 내준 숙제를 먼저 할 것입니다.

집에서 심부름 시킬 때도 마찬가지 아닐까요? 입만 열면 옳은 말만 따발총처럼 해대는 정말 짜증나는 엄마가 "엄마 사이다 한 병만 사다 줄래?" 할 때와 말도 안 되는 소리를 해도 맞장구를 쳐주고 장난도 잘 받아주는 좋아하는 아빠가 "아빠 목마른데 콜라 한 병만 사다 줄래?" 할 때…… 아이의 반응이 같을까요? 다를까요? 물어볼 필요가 없습니다.

아이가 방바닥에서 엉덩이를 떼는 리액션타임, 어느 쪽이 더 빠를까요? 옳은 말만 따발총처럼 해대는 짜증나는 엄마가 심부름을 시키면 아이는 심부름을 할 수 없는 이유를 101가지는 찾아낼 것입니다. 하지만 좋아하는 아빠가 부탁을 하면, 뭐 고민할 필요가 없겠죠?

회사에서도 마찬가지 아닐까요? '김 부장님, 아침에 맨 처음 만나면 하루 종일 기분이 좋다. 그런데 박 부장님, 회식하자고 할까 봐 겁난다.' 자기 돈 내고 술을 사줘도 짜증나는 상사가 있죠? 부하직원들은 어떤 상사와 프로젝트를 할 때 데이트 약속을 취소하고 밤을 새워서라도 그 일을 끝내려고 할까요?

인간은 합리적인 존재가 아니다

이상의 세 가지 사례를 통해 여러분은 이미 결론을 내리셨죠? 첫 번째 결론…… 인간은 합리적인 존재일까요, 아니면 감정적인 존재일까요? 네, '인간은 절대로 합리적인 존재가 아니다. 단지 합리적이려고 애를 쓰는 존재일 뿐이다.' 이 대목이 굉장히 중요합니다. 두 번째 결론, '사람은 좋아하면 판단할 필요를 느끼지 못한다.' 이걸 심리학에서는 **감정전이 현상**이라고 합니다.

> **감정전이** Transfer of Affect 한 대상에 대한 감정이 그와 관련된 다른 것(그가 한 말, 행동, 관련된 사람 및 사물)에까지 영향을 미치는 현상. 감정전이 현상은 긍정적인 방향뿐 아니라 부정적인 방향으로도 일어날 수 있다.

"마누라가 예쁘면 처갓집 말뚝을 보고도 절하고 싶다"는 우리 속담이 있습니다. 아내가 예쁘잖아요, 그러면 아내가 살았던 시골집 마당 구석에 박혀 있는 소를 맸던 쇠말뚝을 보고도 절하고 싶다는 얘기입니다. 아내에 대한 긍정적인 감정이 말뚝으로까지 전이되니까요.

부정적인 감정도 마찬가지겠죠? "스님이 미우면 그가 입은 가사조차도 싫다." "시댁이 싫으면 시금치도 안 먹는다." 이런 속담이나 유행어는 모두 어떤 사람이 꼴 보기 싫으면 그 사람이 하는 말과 행동은 말할 것도 없고, 그와 관련된 사물조차도 싫어진다는 부정적인 감정전이 현상을 잘 나타내는 말입니다.

실제로 어떤 사람이 싫으면, 그와 관련된 모든 것이 다 싫어집니다. 어떤 독자는 옆집 개를 무지 예뻐했는데, 옆집과 말다툼을 하고 난 다음부터는 죄 없는 그 개조차도 너무 싫어지더라고 했습니다. 이런 긍정적 및 부정적인 감정전이 현상 때문에 "미운 사람 고운 데 없고, 고운 사람 미운 데 없다"는 말이 생겨난 게 아닐까요?

감정전이 현상은 한 사람의 말이나 행동, 그리고 관련되는 사물뿐 아니라 그 사람과 관련된 다른 사람에게도 영향을 미칩니다. 예를 들어 내가 소정이 엄마를 정말 싫어한다. 그런데 어느 날 지혜 엄마가 내가 싫어하는 소정이 엄마하고 아주 다정하게 밥을 먹고 있는 장면을 목격했다. 그 순간 나쁜 감정이 없었던 지혜 엄마조차도 싫어지지 않나요? 왜 그럴까요? 소정이 엄마에 대한 부정적인 감정이 지혜 엄마에게 전이되기 때문입니다.

심리학자들은 이런 감정전이 현상을 굉장히 중요하게 생각합니다. 왜 그럴까요? 어디서, 누구와, 무슨 일을 하건 간에 이 감정전이 현상을 제대로 이해하지 못한다면 자신이 원하는 것을 얻지 못하기 때문입니다.

학생들에게 존경받는 교사가 되고 싶다, 나중에 늙어서 자녀가 함께 살고 싶어하는 부모가 되고 싶다, 어떤 일을 지시하건 부하직원들이 무조건 믿고 따르는 그런 리더가 되고 싶다……. 이런 사람이 되려면 무엇이 중요할까요? 지식? 행동? 말? 이보다 훨씬 더 중요한 것이 있습니다. '우리가 평소 그들에게 어떤 감정적인 전이를 유발하는가'입니다.

그러니까 당연히 심리학자들은 다양한 상황에서 감정전이 현상이 얼마나 막강한 위력을 발휘하는지 실험으로 검증해냈겠죠? 여러분에게 그런 실험들을 이것저것 소개하고 싶지만, 좀 복잡하니까 제가 수업 중에 학생들과 해봤던 간단한 실험이 있는데 같이 한번 해볼까요?

꼴 보기 싫은 사람이 가장 꼴 보기 싫을 때는?

학생들에게 꼴 보기 싫은 사람 한 명씩만 떠올려보라고 요청했습니다. 여러분도 꼴 보기 싫은 사람이 있죠? 한 명씩만 떠올려보십시오. 그리고 그 사람이 어떤 행동을 했을 때가 가장 꼴 보기 싫은지 생각해보십시오. 우리 학생들이 꼽은 1위는 무엇이었을까요? 1위는 바로 '그 사람이 미소를 지을 때'였습니다.

놀라운 결과 아닙니까? 그래서 감정전이 현상을 배우지 않은 다른 클래스의 학생들에게 질문했습니다. "학생, 미소는 좋은 거예요? 아니면 나쁜 거예요?" "좋은 거죠!" "다음 학생은?" "선생님, 미소가 왜 나쁩니까?" "다음 학생은?" "선생님 별걸 다 물어보시네요." 열 명에게 물어보면 열 명 모두 미소는 좋은 거라고 대답했습니다.

"그런데 미소가 왜 좋은데?" 이렇게 다시 물어보면 학생들은 어떤 반응을 보일까요? 당연히 학생들의 대답은 이렇게 하나로 수렴됩니다. "선생님, 미소를 지으면 우리 자신도 행복하지만 세상이 평화로워지잖아요."

학생들의 이야기를 들어보고 난 다음에 다시 질문했습니다. "그런데 꼴 보기 싫은 사람이 미소를 지을 때는?" 학생들의 반응은 완전히 달라지겠죠? "아, 교수님 그건 아니죠!" 그리고 다시 질문합니다. "그렇다면 꼴 보기 싫은 사람이 아주 따뜻한 미소를 지으면서 어떤 행동을 할 때가 가장 가증스러울까?" 학생들의 반응, 1위는 무엇이었을까요?

'친절한 행동을 할 때'였습니다. 이것 역시 놀라운 결과 아닙니까? 미소를 짓는다거나 친절한 행동은 절대로 나쁜 행동이 아닙니다. 그런데 어떤 사람이 하면 그것은 감점 요인에 불과하다는 것입니다. 여러분, 결혼하셨다면 이미 경험해보셨죠? 아무리 사랑해서 결혼했다고 해도 가끔씩 부부싸움을 하잖아요.

부부싸움을 하는 순간 누가 이 세상에서 가장 꼴 보기 싫을까요? 당연히 배우자겠죠? 아내의 입장에서 한번 생각해볼까요? '이 남자 정말 꼴 보기 싫다, 점수를 매겨보자. 너무 꼴 보기 싫기 때문에 0점도 아니에요. 마이너스 10점!' 그런데 다음 날 부부동반 모임이 있어요. 어쩔 수 없이 같이 갔습니다.

그런데 그 남편이 다른 사람의 아내에게 아주 환한 미소를 지어요. 그리고 친절하게 그 여자에게 자리를 권했어요. 이 순간, 마이너스 10점은 플러스 쪽으로 이동할까요, 아니면 마이너스 쪽으로 이동할까요? 당연히 마이너스 쪽으로 이동합니다.

이 대목에서 우리가 짚고 넘어가야 할 것이 한 가지 있습니다. 인간이 합리적인 존재라면 절대로 마이너스 쪽으로 가면 안 된다는 것입니다. 컴퓨터처럼 객관적으로 데이터 프로세싱을 해서 합리적으로 결론을 내린다면 이런 결론을 내려야 하겠죠?

'우와! 저 따뜻한 미소 좀 봐. 우리 남편에게도 저런 따뜻한 면이 있었는데 왜 어제 저녁에는 저걸 고려하지 못했을까? 점수를 고쳐줘야지. 플러스 3점.' '아니, 남의 아내에게도 저렇게 친절을 베풀다니. 저런 게 바로 박애정신이야! 플러스 5점.' 이런 분이 있을까요? 물론 있기는 있겠죠. 병원에 가면~.

정상적인 여자라면 이 마이너스 10점, 그대로 놔둘까요? 아니죠! '마이너스 20점!' 이런 간단한 실험을 통해서 우리는 어떤 결론을 내릴 수 있을까요? 가만히 있으면 감점은 안 당할 텐데, 꼴 보기 싫은 사람은 좋은 행동을 할수록 감점을 당한다는 것입니다.

우리가 이 실험을 통해 얻게 되는 교훈이 있죠? 바로 이것입니다. 우리가 아무리 옳은 행동, 옳은 말을 하더라도 상대방에게 감정전이, 긍정적인 감정을 유발할 수 없다면 그건 감점 요인에 불과하다는 사실입니다.

Think & Action!

모든 성공은

사람들의 행동을 변화시킬 때 일어나고,

행동의 변화는 감정에 영향을 미칠 때 일어난다.

자녀에게 긍정적인 감정전이를 일으키기 위해

시도해볼 수 있는 일은 무엇인가?

말의 내용은
생각처럼 중요하지 않다

사람들은 당신이 한 말은 금방 잊어버리지만, 당신이 그들에게 준 느낌은 항상 기억할 것이다.
– 워런 비티

커뮤니케이션 강의를 듣거나 책을 읽어보면 어떤 말을 어떻게 하는지가 매우 중요하다고 강조합니다. 하지만 자녀를 키울 때 뿐 아니라 부부관계, 직장 상사나 부하들과의 관계에서도 우리가 하는 말의 내용은 생각만큼 중요하지 않습니다. 그보다 우리가 상대방에게 어떤 감정적인 영향을 미치는지가 훨씬 더 중요합니다.

감정전이 현상을 제대로 이해하고 활용하지 못하면 어떤 문제가 발생할까요? 평생 열심히 살면서도 원하는 것을 얻지 못한다는 것입니다. 생각해보십시오. 가끔씩 우리 아이들은 문제를 일으킵니다. 그러면 우리는 부모니까 아이의 문제를 지적하고 고쳐줘야겠죠? 그럴 때 이런 생각을 합니다. '인간은 합리적인 존재니까 일단 감정을 자제해야 돼.' 그리고 아이의 문제를 하나씩 하나씩 끄집어내겠죠?

그런 다음 아주 차분하게, 논리적이고 객관적으로 아이의 문제를 지적하겠죠? 그럴 때 아이는 우리 얘기를 듣고, "엄마, 제 문제를 지적해주셔서 정말 감사합니다. 지금 당장 고칠게요!"

반색을 하면서 수긍할까요? 아이가 만약 떨떠름한 표정을 짓는다. 그러면 우리는 보통 어떻게 반응할까요? "왜? 기분 나빠? 내가 틀린 말 했어?"라고 몰아붙일 가능성이 많겠죠?

이 말 속에 깔려 있는 가정은 뭘까요? '인간은 합리적인 존재이기 때문에 틀리지 않은 말, 옳은 말로 설득하면 설득이 가능할 것이다.' 그런데 이건 심리학적으로 완전히 착각입니다. 왜요? 아이들 머릿속에서는 그 순간 이런 생각이 돌아가고 있을 테니까요.

'엄마, 저는요. 엄마 말이 맞는 말인지 틀린 말인지 관심 없거든요. 저는요, 엄마가 싫다고요.' 결론은 뭘까요? 우리가 상대에게 긍정적인 감정전이를 일으키지 못한다면, 좋은 말을 할수록 감점 요인이 될 수 있다는 것입니다.

직장에서 부하직원을 대할 때도 마찬가지겠죠? 그러니까 가정에서건 직장에서건 가장 듣기 싫은 말은 무엇일까요? '꼴 보기 싫은 사람이 하는 틀리지 않은 말, 옳은 말'입니다.

누군가에게 정말 좋은 얘기를 해줬다, 정말 괜찮은 아이디어를 제공했다. 그런데도 상대방이 받아들이지 않는다면 그 순간 상대방은 이렇게 생각할 가능성이 많습니다. '나는 당신이 싫다, 또는 나는 아직 당신을 좋아하지 않는다. 그러므로 당신의 말을 듣고 싶지 않다.'

가족을 위해 평생 죽어라고 일을 했는데도 노후에 자식들로부터 "우리 아빠 최고야"라는 말을 듣지 못하는 아버지가 많습니다. 직원들을 위해 최선을 다하고도 직원들로부터 "우리 사장님, 정말 좋은 분이에요"라는 말을 듣지 못하는 CEO도 많습니다.

그들에게는 한 가지 공통점이 있습니다. 감정전이 현상을 제대로 이해하지 못하고 활용하지 못한다는 것입니다. 영화 〈바벨〉에 이런 대사가 나옵니다. "나는 잘못한 게 없어. 멍청했을 뿐이야."

대부분의 부모는 자식에게 잘못하지 않습니다. 나름대로 최선을 다해 키웁니다. 다만 지혜롭지 못할 때가 있을 뿐입니다.

자신의 목소리와 표정을 살펴보라

소통에 관한 책을 읽어보거나 강의를 들어보면 많은 저자와 강사들이 어떤 말을 어떻게 해야 할지, 말의 내용을 무척 강조합니다. 그런데 심리학적 연구 결과들은 말의 내용이 생각보다 그리 중요하지 않다는 사실을 밝혀냈습니다.

자녀와 대화할 때를 떠올려볼까요? "엄마가 너 얼마나 사랑하는지 알아? 몰라? 엄마는 정말 너를 사랑한단 말이야!" 인상을 쓰고 소리를 지르면서 말합니다. 그러면 아이는 '아, 엄마는 나를 정말 사랑하는구나!' 이렇게 생각할까요, 아니면 '말은 그렇게 하지만 지금 화내고 있잖아?' 이렇게 생각할까요?

당연히 후자겠죠? 왜냐하면 사람은 본능적으로 말의 내용보다 목소리나 표정이 전달하는 메시지를 더 중요하게 받아들이기 때문입니다. 우리가 누군가와 커뮤니케이션할 때의 메시지는 세 가지 채널로 전달됩니다.

첫 번째 채널은 말의 내용입니다. 두 번째 채널은 청각적인 요소가 되겠죠? 말의 속도나 톤의 높낮이나 크기, 이런 겁니다. 세 번째 채널은 말할 것도 없이 시각적인 요소겠죠? 눈빛, 표정, 자세, 제스처 등이 시각적인 요소에 해당합니다.

그럼 커뮤니케이션에서 말이 차지하는 비중은 얼마나 될까요? 네, 7%밖에 안 됩니다. 그러나 청각적인 요소가 차지하는 비중은 38%나 됩니다.

그러면 시각적인 요소가 차지하는 비중은 얼마일까요? 당연히 나머지 55%입니다. 결론은 말의 내용이 전달하는 메시지는 7%에 불과하지만 목소리나 표정 등 비언어적인 요소가 차지하는 비중은 무려 93%에 이른다는 사실입니다. 이렇게 의사소통에서 말의 내용보다 목소리나 표정이 더 중요하다는 이론이 **메라비언의 법칙**입니다.

메라비언의 법칙 The Law of Mehrabian   미국 UCLA대학의 교수 앨버트 메라비언(Albert Mehrabian)이 실험을 통해 밝힌 사실로, 대화에서 말의 내용보다 비언어적 요소인 청각과 시각적 메시지가 더 중요하다는 법칙이다. 이 법칙은 메라비언이 1971년에 출간한 책, 《침묵의 메시지(Silent Messages)》에서 소개되었다.

정말 말보다 목소리나 표정이 더 중요할까요? 한번 생각해보십시오. 어떤 여자가 환하게 미소 띤 얼굴에 그윽한 눈빛으로 남자를 올려다보면서 약간 비음이 섞인 감미로운 목소리로 "당신 미워~~"라고 말합니다.

그러면 남자는 여자가 자기를 미워한다는 말로 들을까요? 아니면 사랑한다는 말로 들을까요? 그런 표정에, 그런 목소리로 미워한다고 말하면 그냥 사랑한다고 말하는 것보다 훨씬 더 달콤하게 들습니다. 그래서 어떤 표정과 목소리로 말하느냐에 따라 부정적인 내용의 말이 긍정적인 내용의 말보다 더 매력적으로 들릴 수 있습니다.

상대방이 미안하다고 사과했는데도 오히려 더 화가 나는 경우가 있습니다. 부부싸움 할 때를 한번 떠올려보십시오. 상대방이 잘못을 해놓고도 도대체 잘못을 인정하지 않습니다. 그래서 사과를 하라고 몇 번씩이나 다그쳤더니 마지못해, 냉소적인 표정에 비아냥거리는 목소리로 "그래 미안하다. 미안하다고! 됐어?"라고 말합니다. 그러면 기분이 풀릴까요? 아니면 더 화가 날까요?

우리가 상대방에게 하는 말의 내용 자체는 생각보다 중요하지 않습니다. 옳은 말, 틀리지 않은 말, 상대방을 진심으로 위하는 말이라도 목소리와 표정에 따라 상대방의 속을 얼마든지 뒤집어놓을 수 있습니다. 반대로 말의 내용 자체는 부정적일지라도, 온화한 표정과 부드러운 목소리로 하면 얼마든지 상대방을 설득할 수 있습니다.

잔소리를 심리학적으로 정의하면……

상담을 하다 보면 가끔 이런 부모님을 만납니다. "선생님 저는요, 우리 아들을 위해서 정말 좋은 얘기만 해주는데 왜 아들은 제 말을 듣기 싫어할까요? 제가 입만 열어도 아들의 표정이 달라집니다." 아이들은 왜 잘되라고 해주는 부모의 말을 듣기 싫어하는 걸까요? 우리가 하는 말을 잔소리라고 생각하기 때문이겠죠?

자, 그렇다면 잔소리를 심리학적으로 정리해볼까요? 이렇게 정의할 수 있습니다. 짜증나는 표정에, 신경질적인 말투로, 틀리지 않은 말, 구구절절 옳은 말을 하는 것. 그러면 아이들이 우리의 말을 듣고 싶을까요? 아니면 듣기 싫을까요?

그러니까 아이가 부모 말을 안 들을 때는 "내가 틀린 말 했니? 다 너를 위해서 하는 말이야!"라고 윽박지르면 안 되겠죠? 그럼 먼저 무엇을 점검해봐야 할까요?

아이들과 대화를 할 때 어떤 눈빛, 어떤 표정, 어떤 자세에 어떤 톤의 목소리인지, 그리고 상대방의 입장에서 그런 표정과 그런 목소리를 접하면 어떤 기분이 들고 어떤 생각을 하게 될지를 먼저 생각해봐야 합니다.

커뮤니케이션 전문가들은 대개 대화할 때 눈을 맞추면서 상대방의 말을 경청하라고 조언합니다. 맞습니다. 그런데 그보다 더 중요한 것이 있습니다. 바로 자신의 눈빛과 표정을 관찰하고 자신의 목소리를 들어보는 것입니다.

이것이 바로 자기관찰이며, 자기경청입니다. 쉽지 않아 보이지만 간단한 방법이 있습니다. 대화할 때 어떤 표정과 어떤 목소리로 말하는지 의식하는 것만으로도 자기관찰과 자기경청이 가능합니다. 휴대폰을 사용해서 녹음이나 녹화해보는 것도 도움이 됩니다. 또 제3자가 되어 거리를 두고 자신을 객관적으로 바라보는 것도 한 가지 방법입니다.

유체이탈이란 말 들어보셨죠? 영화에서 종종 나오잖아요. 몸에서 영혼이 빠져나와 자기를 내려다보는 장면 같은 거요. 여러분도 상상력을 동원해서 유체이탈을 한번 시도해보십시오. 한 5미터 정도 공중으로 올라가 상대에게 내보내는 자신의 눈빛과 표정을 관찰하고, 자신의 목소리를 들어보는 겁니다.

부모가 우울하면 자녀도 우울하다

소수의 원숭이와 인간에게만 존재하는 거울 신경세포(Mirror Neuron)라는 대뇌의 신경세포에 대해 들어보셨죠? 인간은 이 거울 신경세포가 있어서 다른 사람의 감정에 공감할 수 있습니다. 자녀가 침울하면 부모도 기분이 침울해지고, 아이가 행복하면 부모도 덩달아 행복을 느끼는 것은 우리의 대뇌에 있는 거울 신경세포 덕분입니다.

우리는 환하게 미소 짓는 사람을 보면 자기도 모르게 미소 짓게 되고, 찡그리는 사람을 보면 반사적으로 찡그리게 됩니다. 이처럼 타인의 표정이나 행동을 거울처럼 모방하는 기능을 가진 이 신경세포를 학자들은 '거울 신경세포'라고 명명했습니다.

중요한 것은 이 거울 신경세포로 인해 다른 사람의 표정과 함께 감정이 전염된다는 사실입니다. 부모의 표정이 자녀에게 미치는 영향은 정말 막강합니다. 주변을 둘러보면 쉽게 관찰할 수 있지 않나요? 부모의 표정이 어두우면 아이의 표정도 어둡고, 부모의 표정이 밝으면 아이들의 표정도 대체로 밝지 않나요? 실제로 부모가 우울해지면 자녀도 우울해지는 경향이 있습니다. 가족 간에 감정이 전염되기 때문입니다. 그러니까 아이들을 위해서라도 밝은 표정을 짓는 연습을 더 많이 해야겠죠?

자녀와 대화를 나눌 때뿐만 아니라, 일을 할 때도 어떤 표정을 짓는지가 정말 중요합니다. 그러니까 행복한 삶을 살고 성공하고 싶다면 평소에 표정 관리를 잘해야 합니다. 그렇다면 표정 관리는 언제 연습해야 할까요? 다른 사람과 대화를 할 때뿐만 아니라 혼자 청소할 때, 설거지할 때, 샤워할 때, 강의를 듣거나 책을 읽을 때, 길을 갈 때, 버스를 기다릴 때 자신의 표정을 의식하면서 표정 관리를 해보면 훨씬 더 효과적입니다.

Think & Action!

말의 내용은 생각보다 중요하지 않다.

그보다 비언어적인 메시지가 훨씬 더 중요하다.

아이와 대화를 주고받을 때 내 표정과 눈빛, 그리고 말투는

어떤 메시지를 전달하고 있는가?

사람은 자기를
좋아하는 사람을 좋아한다

사랑받고 싶다면 사랑하라. 그리고 사랑스럽게 행동하라.
— 벤저민 프랭클린

　여러분의 자녀는 나중에 커서 어떤 사람이 되면 좋겠습니까?
대부분의 부모는 '아이들이 나중에 어떤 일을 하든지 그 분야의
최고가 되면 좋겠다'는 바람을 가지고 있지 않을까요?

　하버드대학의 하워드 가드너 교수는 IQ 검사가 학교 성적을
예측하는 데는 도움이 되지만 사회에서 성공 가능성을 예측하
는 데는 별 도움이 되지 않는다고 주장했습니다. 그는 사회에서
의 성공을 예측할 수 있는 새로운 지능개념이 필요하다면서 다
중지능 이론을 제안했습니다. 몇 년 전 한 경제연구소에서 우리
나라 CEO 527명을 대상으로 가드너의 다중지능 이론에 포함

된 지능 요인들을 소개하면서 훌륭한 CEO가 되기 위해 가장 중요한 자질이 뭐라고 생각하는지 물었습니다. 1위가 무엇이었을까요?

인터퍼스널 인텔리전스(Interpersonal Intelligence), 즉 대인관계 지능이었습니다. 대인관계 지능이란 무엇일까요. 쉽게 이야기하면 바로 감정전이 현상을 제대로 이해하고 활용하는 능력입니다. 그런데 이 대인관계 지능이란 것이 거창한 데서 나오는 것이 아닙니다. 밥 먹다가 무심코 툭 던진 말 한마디, 거래가 끝났다고 생각될 때 전화 한 통을 추가로 하는지의 여부, 아이의 얘기를 들으면서 맞장구를 치는지 치지 않는지와 같은 아주 작은 일들로 결정됩니다.

자동차 판매왕의 비결

이 세상 모든 위대한 업적은 그 계기를 찾아 들어가면 작은 시작점이 있습니다. '자동차 판매왕'으로 불렸던 조 지라드, 이 사람은 기네스북에 12년 동안이나 연속해서 이름을 올렸습니다. 아직까지 아무도 그의 기록을 깨지 못했습니다. 전무후무한 기록을 가지고 있는 조 지라드에게 기자가 질문했습니다.

"선생님, 자동차 판매왕이 된 비결은 무엇입니까?" 조 지라드는 뭐라고 답했을까요? "비결이랄 것도 없습니다. 이거 하나만 명심하면 됩니다. '고객은 자기가 좋아하는 세일즈맨에게 자동차를 산다.'" 이 말 속에 숨어 있는 심리학 원리는 무엇일까요? 바로 감정전이 현상입니다

그렇다면 조 지라드는 심리학자였을까요? 아닙니다. 그는 고등학교를 중퇴했기 때문에 심리학 이론을 몰랐을 가능성이 높습니다. 영업을 하면서, 고객을 만나면서, 성공한 세일즈맨을 만나고 연구하면서 스스로 터득한 지혜입니다.

기자가 다시 질문했습니다. "고객은 자기가 좋아하는 세일즈맨에게 자동차를 산다는 말은 알겠는데, 고객이 좋아하도록 만드는 것은 쉽지 않을 것 같은데요?" 조 지라드는 뭐라고 답했을까요? "그것도 사실 그렇게 어려운 문제가 아닙니다. A를 싫어하는 B에게 왜 A를 싫어하느냐고 물어보면, 십중팔구는 A가 나를 싫어하기 때문이라고 대답합니다."

결론! '사람은 자기를 싫어하는 사람을 싫어한다.' 그리고 '자기에게 관심 갖지 않는 사람에게는 관심을 갖지 않는다.' 이걸 뒤집으면 어떻게 될까요? '사람은 자기를 좋아하는 사람을 좋

아한다!' 그러니까 우리가 먼저 고객을 진심으로 좋아하고 그 마음을 효과적으로 표현해야 한다는 것입니다.

이 대목에서 우리는 점검해봐야겠죠? 우리는 아이를, 배우자를, 고객을 진심으로 좋아하는지. 그리고 좋아한다는 메시지를 효과적으로 전달할 수 있는 레퍼토리가 얼마나 다양한지. 조 지라드는 이렇게 말했습니다. "저는 고객을 진심으로 좋아하려고 노력합니다. 그리고 0.5초도 안 걸려서 보내는 시선과 표정과 그리고 거래가 끝났다고 생각할 때 전화 한 통을 더 하는 것. 그리고 고객의 생일이나 기념일에 친필 카드를 쓰는 것 등등. 수도 없이 많은 방식으로 좋아한다는 메시지를 전달할 수 있습니다."

여보, 나는 당신이 좋아요

"친필 카드를 쓴다고요? 뭐라고 썼는데요?" 조 지라드, 뭐라고 대답했을까요? "네, 그것도 간단합니다. 이렇게 씁니다. 'I like you. 조 지라드.' 그러면 답장이 옵니다. 차 살게요." 황당하지 않습니까? 이게 말이 됩니까? 그런데 심리학적으로는 말이 됩니다.

여러분, 눈을 감고 가슴에 손을 얹어보십시오. 그리고 자신에게 물어보십시오. '내가 죽을 때까지 계속 듣고, 듣고 또 듣고, 또 들어도 싫지 않은 말이 있다. 들어도 또 듣고 싶은 말이 있다. 그건 무슨 말일까?' 바로 이 말입니다. '나는 당신이 좋아요.'

몇 년 전 배우자에게 가장 듣고 싶은 말이 무엇인지 물어보는 조사가 있었습니다. 1위는 무엇이었을까요? 남편과 아내, 공동 1위는 '여보, 나는 당신이 좋아'였습니다. 남편이 아내로부터 듣고 싶은 말 2위는 '다시 태어나도 당신과 결혼하고 싶어'였습니다. 물론 현실과는 좀 거리가 있긴 하지만……

아무튼 남편이 아내에게 듣고 싶은 말 1위와 2위를 합치면 '당신이 좋아'입니다. 인간은 누구나 다른 사람들이 자기를 좋아해주기를 원합니다. 어떤 식으로든 'I like you, 나는 당신이 좋아요'라는 메시지를 듣고 싶어한다는 것입니다.

가족이 되었건 상사나 고객이 되었건 상대방을 정말 좋아하고 진심을 담아 그 마음을 전달할 수만 있다면 우리가 원하는 방향으로 상대방을 변화시키는 것이 한결 쉬워진다는 말입니다. 왜냐하면 사람은 자기를 좋아하는 사람을 좋아하고, 좋아하면 판단할 필요를 느끼지 못하기 때문입니다.

사람은 자기를 싫어하는 사람을 싫어하고, 자기를 좋아하는 사람을 좋아하는데, 이를 심리학에서는 **상호성의 원리**라고 합니다. 상호성의 원리, 정말 막강한 위력을 갖고 있습니다.

상호성의 원리 Reciprocity Principle 상대에게 받은 대로 돌려주려는 인간의 심리를 설명하는 원리. 상호성의 원리는 긍정적인 일뿐 아니라 부정적인 일에서도 똑같이 작동한다. 뿌린 대로 거둔다는 성경 구절이나, 불교의 인과응보(因果應報)와 사필귀정(事必歸正)도 상호성의 원리로 설명할 수 있다.

그대의 과거가 궁금한가?

오늘 집에 들어가서 딸이나 아들에게 이렇게 한번 말해보십시오. 아직 말로 표현하기가 익숙하지 않다면 문자로 보내보십시오. "○○야, 엄마(아빠)는 네가 엄마 딸(아들)이라는 게 얼마나 좋은지 몰라. 난 이 세상에서 우리 ○○가 제일 좋아."

그러면 아이가 이렇게 반응할 수 있을까요? "미안해요 엄마. 저는 아니거든요." 간혹 이런 대답을 들을 수는 있겠죠. "엄마, 무슨 일 있어요? 갑자기 왜 그러세요?" 물론 이런 경우는 드물 것이고, 대부분의 아이들은 자동적으로 이렇게 반응할 것입니다. "저도 엄마가 좋아요."

회사 직원들에게도 실험해보십시오. 직원 한 명에게 이렇게 말해보는 겁니다. "김 대리, 나는 김 대리처럼 표정이 밝고 긍정적인 사람이 좋아." 그럴 때 이렇게 말하는 직원이 있을까요? "죄송합니다, 부장님. 부장님이 그렇게 말씀하셔도 저는 부장님이 싫습니다."

정신적으로 문제가 없는 한 이런 반응은 불가능합니다. 왜냐하면 상대방으로부터 받은 메시지와 정반대의 메시지를 되돌려주려면 굉장히 복잡한 심리적 과정을 거쳐야 하기 때문입니다. 그래서 사람은 자동적으로, 반사적으로 자기가 받은 메시지를 그대로 되돌려줄 수밖에 없습니다. "저도 부장님이 좋아요."

그러니까 아이들이나 배우자, 또는 부하직원들이 우리의 말을 잘 듣지 않는다, 그러면 우리는 스스로를 점검해봐야 되겠죠? 그동안 우리가 그들에게 어떤 메시지를 전달해왔는지…….

결론은 바로 '인간은 합리적인(rational) 존재가 아니라, 합리화(rationalize)하는 존재'라는 사실입니다. 인정하고 싶지는 않겠지만 대부분의 상황에서 판단은 감정이 내리고, 객관적인 증거는 감정적 판단의 기초 자료로만 사용될 가능성이 많습니다. 인간이 합리적인 존재가 아니라 합리화하는 존재라는 사실을 제대로 깨닫지 못한다면, 진땀을 흘리며 고생하면서도 원하는 것을 얻지 못하고 앞으로 험난한 삶을 살아갈 확률이 높습니다.

달라이 라마는 이렇게 말했습니다. "그대의 과거가 궁금한가? 그렇다면 현재의 처지를 잘 살펴보라." 현재의 처지? 우리의 처지를 한번 살펴볼까요? '아이들은 나를 안 좋아하는 것 같고, 남편(아내)도 날 안 좋아하는 것 같고, 회사에 나가면 상사나 동료도 날 안 좋아하는 것 같고, 친구도 날 안 좋아하는 것 같다.' 그렇다면 100%라는 얘기죠? 그동안 우리가 그들에게 좋아한다는 메시지를 제대로 전달하지 못했다는 뜻입니다.

Think & Action!

받은 대로 되돌려주는

상호성의 원리는

관계와 소통의 가장 강력한 자연법칙이다.

자녀가 부모 말을 잘 듣게 하고 싶은가?

그렇다면 지금부터 무엇을 어떻게 해야 하는가?

사랑은 배우고
연습하는 기술이다

말하지 않은 좋은 생각은 좋은 생각이 아니다.
– 켄 블랜차드

달라이 라마는 또 이렇게 말했습니다. "그대의 미래가 궁금한가? 그렇다면 지금 하고 있는 행동을 면밀히 관찰하라." 그렇다면 우리의 미래로 한번 가볼까요?

우리가 지금 하고 있는 일, 언제까지 할 수 있을까요? 그거야 아무도 모르죠. 하지만 한 가지 확실한 사실이 있습니다. 조만간 우리 모두는 그 일을 그만두게 된다는 것입니다. 지금 다들 건강하시죠? 하지만 한 가지 분명한 사실이 있습니다. 우리는 모두 늙고 병든다는 것입니다.

회사를 그만둔 후 길을 가는데 멀리서 예전 부하직원이 걸어옵니다. 그는 소 닭 쳐다보듯 인사도 안 하고 그냥 지나칠까요, 아니면 반갑게 뛰어와서 인사를 할까요? 그것이 궁금하다면 지금 부하직원을 대하는 우리 자신의 태도를 면밀히 관찰하면 되겠죠?

만약 부하직원이 무시하고 지나간다면? 그건 100% 내가 평소에 그 부하직원을 무시했기 때문입니다. 퇴직할 때 부하직원들이 '저 사람 그만두니까 속이 다 시원하다'고 생각한다면? 이유는 분명합니다. 우리가 현직에 있을 때 부하직원들을 좋아하지 않았기 때문입니다.

나이가 들어 자식들이 나와 함께 밥 먹고 싶어하지 않는다면? 그 역시 아이들이 어렸을 때 즐거운 식사시간을 만들어주지 못했기 때문입니다. 늙어서 아내가 남편에게 하는 일도 없고 돈도 못 번다면서 퉁명스럽게 대한다면? 마찬가지로 젊었을 때 남편이 아내에게 퉁명스럽게 대했기 때문입니다.

표현되지 않은 선의는 선의가 아니다

'그대의 미래가 궁금한가? 그렇다면 지금 하고 있는 행동을 면밀히 관찰하라'는 이 상호성의 원리, 정말 무섭죠? 사랑받고 싶다면 먼저 사랑해야 합니다. 존중받고 싶다면 먼저 존중해야 합니다. 하지만 마음속에만 담고 있으면 안 됩니다. 마음은 생각처럼 중요하지 않습니다. 제대로 표현하는 것이 훨씬 더 중요합니다. 왜냐하면 표현되지 않은 선의는 선의가 아니니까요.

부모는 자녀가 말을 잘 듣기를, 아내는 남편이 진정으로 자신을 좋아해주기를 바랍니다. 그렇게 만들려면 어떻게 해야 할까요? 우리가 먼저 좋아해야 합니다. 그리고 그 마음을 제대로 표현해야 합니다. 여러분은 어떤지 몰라도 상담을 하다 보면 이 부분에서 걸리는 분이 많습니다. 자신의 마음을 제때에 제대로 표현하지 못하는 분이 참 많습니다.

저 역시 마찬가지였습니다. CEO분들을 대상으로 강의를 하다 보면 가끔씩 연락하는 분들이 있는데 언젠가 제 강의를 들었던 사장님 한 분이 제 연구실로 전화를 했습니다. "교수님, 제가 오늘 교수님 학교 근처에 볼 일이 있는데 혹시 시간이 되면 저녁이나 같이하면 어떨까요?" 그래서 제가 "네, 좋습니다. 오십시오. 뭘 좋아하시는데요?" 그러니까 그분이 "삼겹살이요"라고 해서 학교 근처 식당으로 모시고 갔습니다.

소주를 주거니 받거니 하다 약간 취기가 오르자 그분이 이렇게 말씀하셨습니다. "교수님은 어떠신지 몰라도 저는 인생을 잘못 산 거 같아요." "왜요? 사장님은 사업도 잘되고 자녀도 잘 키우신 거 같던데." "물론 겉으로야 그렇죠." "뭐가 문젠데요?" "저요, 아들딸 둘 낳아서 지금은 모두 출가시켰습니다. 그런데 집사람하고 둘만 큰 집에 사니까 가끔 적적해서 애들에게 전화를 합니다."

"아무개야. 안 바쁘면 오늘 집에 올래? 아빠랑 저녁이나 같이 먹을까? 그러면 '네, 아빠. 그렇지 않아도 아빠 보고 싶었는데 빨리 갈게요.' 저는 이런 답을 기대하겠죠? 그런데 전화선을 타고 집에 오기 싫은 아이들의 표정이 보여요."

그래서 제가 물었습니다. "사장님 전에 혹시 시 쓰셨습니까?" 그분이 의아해하시기에 "표현이 정말 시적입니다. '전화선을 타고 집에 오기 싫은 아이들의 표정이 보인다' 운율도 딱딱 맞고……" 그랬더니 그 사장님이 정색을 하면서 이렇게 말했습니다. "교수님도, 참. 제가 인생을 잘못 살았다니까요." 저도 정색을 하고 다시 여쭤봤습니다. "그런데 사장님, 자녀들의 나이가 어떻게 되는지 몰라도 아이들하고 밥 먹을 때 표현을 잘하십니까?" "무슨 표현이요?" 예를 들면, 이런 표현 말입니다. "아빠는 사실 이 세상 어떤 사람하고 밥을 먹는 것보다 너희들과 함께 밥 먹는 게 제일 행복해. 그리고 난 우리 아들이 정말 좋아." 그랬더니 그 사장님 뭐라고 하셨을까요?

"꼭 그걸 말로 해야 됩니까." 제가 그래서 뭐라고 했을까요? "말로 하셔야죠. 표현하지 않으면 자녀들이 독심술사도 아닐 텐데 사장님의 생각을 어떻게 알겠습니까?" "그런데 사장님, 사실 저도 그런 표현 잘 못합니다. 그래서 요즘에도 연습을 합니다." "무슨 연습을 하는데요?" 하고 묻기에 제가 몇 가지 사례를 알려드렸습니다.

어느 날 내가 치매에 걸린다면……

딸이 고등학교 2학년 때쯤입니다. 그때 제 은사님 한 분이 치매로 병원에 입원하셨다는 소식을 들었습니다. 제가 정말 좋아하는 교수님이었는데, 제자들은 물론이고 자녀도 못 알아본다고 했습니다. 그 소식을 듣고 저는 정말 슬펐습니다. 한편으로는 무섭기도 했습니다.

혹시 치매는 나와 상관없는 병이라고 생각하시나요? 통계에 따르면 우리나라 사람들의 20%는 치매 병원에 입원하게 됩니다. 물론 저를 포함해서요. 하지만 모두들 '나는 아니겠지' 이렇게 생각하시죠? 당연합니다.

　다른 사람은 다 치매에 걸리더라도 나만은 예외일 거라고 믿고 싶은 것이 사람의 마음입니다. 하지만 고령으로 대통령직을 수행하면서도 유머감각을 유감없이 발휘하며 건강을 자랑했던 레이건 미국 대통령을 보십시오. 철의 여인이라는 별명을 얻을 정도로 강인했던 영국의 대처 총리를 보십시오. 결국은 치매에 걸려 사랑하는 가족을 알아보지도 못한 채 세상을 떠났습니다.

　우리가 아무리 인정하고 싶지 않아도 우리 중 20%는 치매로 병원에 입원해야 하는 것이 현실입니다. 남의 일이 아니라 바로 내 일입니다. 그러니까 상상력을 동원해서 여러분도 치매 병원으로 미리 한번 가보십시오. 제가 먼저 미래로 가보겠습니다.

　'지금은 이렇게 멀쩡하게 강의를 하러 다니는데 어느 날 갑자기 치매에 걸린다면, 병원에 입원해야겠지? 그리고 사랑하는 아이들이 찾아와도 얼굴도 못 알아보고 말도 못 알아듣고 아이들에게 침을 뱉으면서 욕을 할 수도 있고……' 생각만 해도 끔찍합니다.

상상이 여기에 미치자 이런 생각이 들었습니다. '내가 아이들 얼굴도 못 알아보고, 아이들이 하는 말도 못 알아듣고, 아이들에게 침을 뱉고 욕을 한다? 우리 아이들은 과연 어떤 반응을 보일까? 이런 말을 들을 수 있다면 참 좋을 텐데⋯⋯.'

'세상 사람들이 다 치매에 걸려도 우리 아빠는 치매에 안 걸릴 줄 알았는데⋯⋯ 아빠가 아무리 나를 못 알아보고, 나한테 욕을 해도 나는 이 세상에서 우리 아빠가 제일 좋아.'

물론 치매에 걸린 저는 그 말을 못 알아듣고 이해도 못하겠죠. 하지만 '아이들한테 그런 말을 들을 수 있다면 내 인생이 그리 헛된 것은 아닐 텐데⋯⋯' 하는 생각이 들었습니다.

그 순간, 저 자신에게 질문을 던졌습니다. '그런 말을 듣고 싶다고? 그렇다면 아이들에게 그런 마음을 얼마나 표현했지?' 바로 답이 나왔습니다. '아니!' 그러면 당장 연습을 해야겠구나. 다음 날 저는 즉각 연습에 돌입했습니다.

"어떻게 연습을 하셨는데요?" 그 사장님이 의자를 바짝 당기면서 궁금해하셨습니다. 그래서 설명해드렸습니다. 아이를 학교에 태워다주면서, "아무개야, 너 요즘 시험 때문에 엄청 스트레스 받는 거 같은데 너무 스트레스 받지 마라. 네가 공부를 잘하든 못하든 아빠는 이 세상에서 우리 딸이 제일 좋아"라고 했더니 아이가 씩 웃고 차에서 내렸습니다. 그날 오후에 딸에게서 문자가 왔습니다.

"아빠, 시험 끝나고 친구들하고 햄버거 집에 있는데, 오늘 아침에 아빠가 나한테 해준 얘기를 했더니 친구들이 다 부러워해. 쌩유~." 정말 아무것도 아니죠? 그런데도 상호성의 원리 참 막강하지 않나요? 저는 요즘 내 마음을 바로 바로 표현하는 연습을 하고 있습니다. 아이들에게는 "아빠는 이렇게 너희들하고 밥 먹는 게 가장 좋아", "건강해주니 고맙다"라고 말합니다. 아내에게는 "당신이 있어서 좋아"라고 말하기도 합니다. 하지만 이런 말, 너무 자주 할 필요는 없습니다. 가끔씩이라도 진심을 담아 표현하면, 상대방은 그 말을 오랫동안 기억할 것입니다.

또 한 가지, 그렇게 표현하다 보면 정말 그렇게 느껴집니다. '나는 누구랑 같이 밥을 먹을 때가 가장 좋을까?' '아! 맞아. 우리 아이들하고 밥 먹을 때가 제일 좋지.' '나는 누구와 함께 있을 때 가장 행복할까?' '맞아, 아내와 함께 있을 때가 제일 행복해.' 이게 바로 표현의 힘이고 말의 위력입니다.

우리 속담에 "말이 씨가 된다"는 말이 있죠? 좋은 생각을 마음속에만 담아두지 말고 말로 표현해보십시오. 그러다 보면 자연스럽게 말과 같이 느끼게 되고, 함께 밥 먹는 그 시간이 가족의 마음속에는 따뜻한 추억으로 자리 잡게 됩니다.

저는 그 일을 계기로 이런저런 작은 연습을 하고 있으니 사장님도 한번 시도해보라고 권했습니다. 여러분도 한번 연습을 해보십시오. 실제로요, 너무나 많은 사람들이 마음속에 정말 좋은 생각과 아름다운 마음을 품고 있으면서도 표현하지 않기 때문에 사랑하는 가족과 거리를 두고 지냅니다.

대학생들이 부모에게 가장 하기 힘든 말 1위는?

몇 년 전 어버이날에 한 취업 포털사이트에서 대학생 644명을 대상으로 설문조사를 했습니다. '부모님에게 가장 하기 힘든 말이 무엇인가?' 1위가 무엇이었을까요? '사랑합니다'라는 말이었습니다. 놀랍지 않나요? 왜 대학생 자녀들은 세상에서 자기들을 가장 사랑하는 부모님에게 '사랑한다'는 말을 하기가 그렇게 어려운 것일까요? 그건 아이들의 문제가 아닙니다. 부모들이 어느 정도 자란 자녀에게는 '사랑한다'는 표현을 하지 않기 때문입니다.

물론 아이가 어렸을 때는 물고 빨면서 사랑한다는 말도 자주 했겠죠. 하지만 아이가 커가면서 긍정적인 말이 줄어들고 잔소리나 부정적인 말이 늘어납니다. 자녀의 입장에서는 어느 날부터 더 이상 사랑한다는 말도 하지 않고 다정한 얼굴도 잘 보여주지 않는 부모님이 야속하겠지요.

어떤 방송에서 아이들에게 부모로부터 가장 많이 듣는 말이 무엇인지 물었습니다. 초등학교 2학년 때는, '우리 예쁜이', '귀염둥이', '순둥이' 이런 말이었습니다. 6학년쯤 되면 상황이 달라집니다. 이때는 가장 많이 듣는 말이 "휴대폰 좀 꺼!"라는 말이었습니다. 중학생이 되면 또 달라집니다. 어떤 말을 제일 많이 듣게 될까요? "제발 공부 좀 해라!"라는 말이었습니다.

한없이 자애로운 엄마아빠였지만 자녀가 중고등학생이 되면서 변하기 시작합니다. 시도 때도 없이 공부하라는 잔소리를 하게 됩니다. 그러면서 자녀는 마음의 문을 닫게 되고 힘든 일이 있어도 부모에게 도움을 청하지 않게 됩니다. 사랑한다는 표현이 너무 어색한 말이 되어버립니다. 왜 그럴까요? 부모로부터 '사랑한다'는 말을 들어본 지가 너무 오래되었으니까요.

벌써 몇 년 전 일이네요. 여러분도 그 사건을 기억할 겁니다.

고등학교 3학년 남학생이 엄마를 살해했어요. 그리고 시신을 8개월 동안 집에 방치한 채 생활했습니다. 그 학생은 경찰에 체포되자마자 뭐라고 했습니까. "우리 엄마는 공부밖에 몰라요. 전국 1등을 강요했어요. 성적이 오르지 않으면 골프채로 때리기도 했어요. 그래서 어쩔 수 없이 살해했어요."

여러분은 이 얘기를 듣고 어떤 생각이 드시나요? '아, 이 엄마는 자식을 사랑하는 마음이 전혀 없구나. 정말 공부밖에 모르는구나.' 이런 생각을 하는 사람이 많습니다. 그러나 아닙니다. 저는 심리학과 교수로 오기 전에 의과대학 정신과 교수로 있었습니다. 이런 사건이 터졌을 때 법원이나 검찰청에서 대학병원 정신과에 피의자의 정신감정을 의뢰하기 때문에 관련자를 인터뷰할 기회가 많았습니다.

만약 그 엄마를 제가 생전에 인터뷰했다면 어떤 말을 들을 수 있었을까요? 틀림없이 그 엄마는 이렇게 말했을 것입니다. "선생님 저는요, 이 세상에서 우리 아들을 가장 사랑해요. 제가 살아보니까 어렸을 때 공부를 더 잘했더라면 이렇게 힘든 인생을 살지 않았을 거라는 생각이 들었어요. 그래서 제 아들만은 절대로 저처럼 힘들게 살도록 놔두고 싶지 않았어요. 어떻게 해서든 아들을 일류 대학에 보내고 싶었습니다."

꽃을
들고 와서
전하지
못한다면
당신은 그냥
'서있다간 사람'

사랑도
말하지 않으면
똑같지~

그런데 그 엄마가 가끔씩 이런 표현을 했다고 가정해보십시오. "엄마가 혼자 너를 키우느라고 제대로 해주지 못해서 정말 미안하다." "나는 네가 이렇게 건강하게 커줘서 얼마나 고마운지 몰라." "엄마는 우리 아들이 공부를 잘하든 못하든 이 세상에서 제일 좋아." "네가 엄마 아들이라는 게 얼마나 좋은지 몰라." 가끔씩 이런 표현을 했다면 어땠을까요?

다시 한 번 말씀드리지만, 좋은 생각을 마음속에만 간직하는 것은 중요하지 않습니다. 사람들은 마음이 더 중요하다고 하지만 결코 아닙니다. 좋은 생각을 하고 있다면 그 생각을 표현하고 전달해야 합니다. 그렇게 하려면 연습이 필요합니다.

사랑은 저절로 우러나오는 감정이라고 생각하는 사람이 많습니다. 저는 아니라고 생각합니다. 이성 간의 사랑뿐만 아니라 친구 간의 우정, 부모와 자식 간의 사랑, 심지어 자신에 대한 사랑조차도 그냥 저절로 되는 것은 없습니다.

사랑이란 의도적으로 선택하고 연습해야 하는 기술(skill)이며 동시에 예술(art)입니다. 기술과 예술은 저절로 되는 것이 없습니다. 반드시 의도적으로 선택하고 노력해야 하며, 끊임없이 공부하고 연습해야 합니다. 자녀에 대한 사랑도 마찬가지입니다.

아침에 일어나자마자 아이의 자존심을 뭉개고 하루를 비참하게 만들겠다고 작심하는 아버지는 없습니다. 오늘은 반드시 아이에게 짜증을 내고 잔소리를 해서 아이가 집에 들어오고 싶지 않게 만들겠다고 다짐하는 어머니도 없습니다.

부모들은 모두 이렇게 다짐할 것입니다. '오늘은 아이와 정말 잘 지내야지.' 하지만 원치 않는 일, 예상치 못한 일이 일어납니다. 결국 아이에게 짜증을 내고 사소한 일로 다투게 됩니다.

많은 사람들은 정신적으로 문제가 있는 부모만 아이들에게 해를 끼친다고 생각합니다. 아닙니다. 선의를 가진 부모도 얼마든지 아이를 비난하고 꾸짖고 무시하고 상처줍니다. 왜 그럴까요? 우리가 하는 말이 아이에게 어떤 영향을 미칠지 깊이 의식하지 못하고, 평소에 사랑을 표현하는 연습을 하지 못했기 때문입니다.

그래서 진정한 사랑을 하려면 그 대상이 누가 되었건 첫째, 사랑하는 법에 대해 반드시 공부해야 합니다. 둘째, 연습을 해야 합니다. 셋째, 지속적으로 관심을 가져야 합니다.

자녀와의 관계에서도 첫째, 표현하는 방법에 대해 공부해야 합니다. 둘째, 연습해야 합니다. 말로 하기 힘든 분은 문자나 편지, 쪽지, 메일로 시도해보십시오. 셋째, 지속적으로 관심을 갖고 노력해야 합니다. 자녀와 친밀한 관계를 유지하는 것 역시 의도적으로 선택하고 노력해야 하는 기술이고 예술입니다.

Think & Action!

가족에 대한 사랑도

연습해야 하는

기술(skill)이며, 예술(art)이다.

오늘은 누구에게 어떤 마음을 어떻게 표현해보겠는가?

~~~~~~

~~~~~~

~~~~~~

~~~~~~

~~~~~~

~~~~~~

~~~~~~

~~~~~~

~~~~~~

~~~~~~

~~~~~~

~~~~~~

자녀에게 물려줄
최고의 유산은?

스킨십은 어떤 말보다도 강력한 메시지를 전달한다.
— 사이토 이사무

몇 년 전에 아버지가 돌아가셨습니다. 아버지가 살아 계실 때 저는 한 달에 한 번 정도 시골에 내려갔습니다. 아버지를 모시고 온천에 가서 목욕도 시켜드리고 저녁도 사드리고 용돈도 드리곤 했습니다.

한 달에 한 번 정도지만, 이런저런 일로 바쁜 저로서는 최선을 다했다고 생각했습니다. 그런데 이상하게도 매번 서울로 올라오는 길에는 '바쁜데도 시간을 내서 효도를 했으니 참 뿌듯하구나!' 이런 기분보다는 뭔지 모를 찜찜함이 남았습니다. 까닭 모를 죄책감도 들고요.

'왜 그럴까? 나는 나름대로 최선을 다했는데……' 어느 날 가만히 생각해보니 답이 나왔습니다. 아버지는 온천에 모시고 가서 비누칠을 해드리고 몸을 씻겨드리면 정말 흐뭇해하셨습니다. 말씀은 안 하셔도 표정을 보면 느낄 수 있었습니다. 그런데 이유가 바로 거기에 있었습니다.

부모와의 스킨십이 어색한 까닭

여러분이 이해하실지 모르겠지만, 그리고 부끄러운 이야기지만, 뼈만 앙상하게 남은 아버지의 몸을 닦아드리는 것을 제가 기꺼이, 즐거운 마음으로 하고 있지 않다는 것이었습니다. '지금 안 하면 나중에 후회할지도 몰라.' '어쩌면 이번이 마지막이 될지도 몰라.' 이런 생각을 하면서 의무적으로 했던 것입니다.

곰곰이 생각해봤습니다. '왜 그럴까? 내 아버지의 몸인데 왜 기꺼이 손이 가지 않은 것일까?' 이유가 있었습니다. 과거를 돌이켜보니 아버지와 제가 살을 맞댄 적이 별로 없었습니다. 아버지가 제 몸을 따뜻하게 어루만져준 기억이 별로 떠오르지 않았습니다. 무릎에 앉혀주신 적도, 목말을 태워주신 적도, 심지어 밥상머리에서 박장대소를 하며 밥을 먹어본 기억도 별로 떠오르지 않았습니다.

물론 제가 아주 어렸을 때는 안아주고 예뻐하셨겠죠. 당신 자식인데 왜 사랑스럽고 예쁘지 않았겠습니까? 그런데 제 기억에는 없었습니다. 그 대신 새벽같이 일어나 호롱불 밑에서 농사와 관련된 책을 읽고 계시는 모습, 하루 종일 힘들게 일하는 모습, 밤이 되면 고단해서 쓰러지듯 주무시는 모습, 어머니와 이런저런 일로 다투시던 모습……. 그런 애잔한 기억들로 가득했습니다.

　그때서야 깨달았습니다. 어린 시절에 따뜻한 접촉을 경험하지 못하면 나중에 어른이 되어서도 따뜻한 스킨십을 자연스럽게 할 수 없다는 사실 말입니다. 제가 기꺼이 아버지의 몸을 씻겨드릴 수 없었던 것은 부드럽고 따뜻한 접촉, 그와 관련된 행복한 기억과 즐거운 추억이 거의 없기 때문이었습니다.

　'만약 내가 어릴 적에 아버지와 함께 물장구를 치고 아버지가 간지럼을 태우면서 내 몸을 씻겨주었더라면?' '다 커서도 함께 목욕했던 기억이 많았다면?' 아마도 저는 '우리 아버지가 어린 시절에 내게 이렇게 해주셨지……' 하고 행복했던 어린 시절을 회상하면서 아버지의 앙상한 몸을 거리낌 없이 자연스럽게 어루만지면서 비누칠을 했을지 모릅니다.

아버지가 돌아가시고 입관할 때였습니다. 아버지를 떠나보내는 마지막 순간이었습니다. 여섯 남매 중 저를 제외하고는 아무도 아버지 시신에 손을 대지 못했습니다. 왜 그랬을까요? 아버지에게 정이 없어서일까요? 아버지를 싫어했기 때문일까요? 저는 아니라고 생각합니다.

모두 아버지와 따뜻한 스킨십을 경험해본 적이 없기 때문에 두렵고 어색했던 것 같습니다. 사실 저도 그랬습니다. 하지만 저는 '만약 이 순간을 놓치면 영원히 아버지를 느낄 수 없어. 지금 이 순간이 지나면 나중에 두고두고 후회할지 몰라' 이런 생각으로 먼 길 떠나시는 아버지를 마지막으로 쓰다듬었습니다.

'따뜻한 접촉 경험이 결핍되면 자연스러운 접촉이 어렵다.' 다시 한 번 상호성의 위력을 실감한 순간이었습니다. 동시에 이런 생각도 들었습니다. '나도 아버지처럼 늙어갈 텐데, 훗날 내 아들이 나를 목욕탕에 데리고 갔을 때 나처럼 죄책감을 느끼게 하면 안 되겠구나.'

아이들 머릿속에 아빠가 손을 잡고, 무릎에 앉혀주고, 씻겨주고 그런 기억이 생생하다면 '아, 내가 어렸을 때 아버지가 나를 이렇게 씻겨주셨는데, 이렇게 쓰다듬어주셨는데, 이렇게 즐거운 시간을 보냈었는데' 하며 우리의 몸을 기꺼이 씻어줄 수 있지 않을까요?

어린 시절 접촉 경험의 결핍은

그런데 왜 저는 그 사실을 이제야 깨달았을까요? 사실 저는 30여 년 전 처음 대학에서 심리학 강의를 할 때부터 해리 할로 (Harry Harlow)라는 심리학자의 원숭이 실험을 소개하면서 양육 과정에서 신체적 접촉이 얼마나 중요한지를 학생들에게 가르쳤습니다. 그러나 어미와 신체적 접촉 없이 자란 원숭이는 나중에 새끼를 낳아 키울 때도 새끼를 잘 만져주지 않는다는 사실이 나에게도 적용된다는 것을 오랫동안 깨닫지 못했던 것입니다.

말이 나온 김에 할로의 애착 실험을 간단히 소개해드리겠습니다. 인간을 포함한 동물의 새끼들은 왜 어미의 품을 찾는 것일까요? 1958년에 위스콘신대학의 심리학과 교수 해리 할로가 논문을 발표하기 전까지만 해도 심리학자들은 어미가 배고픔에 대한 기본적인 욕구를 충족시켜주기 때문이라고 생각했습니다.

그런데 할로 교수는 동물의 새끼는 먹이보다 어미와의 신체적 접촉을 통해 위안을 얻기 때문이라고 생각하고, 한 가지 실험을 실시했습니다. 원숭이 새끼들을 어미에게서 떼어내 철사로 만든 차가운 가짜 어미와, 안에 전구를 넣어 헝겊으로 감싼 부드럽고 따뜻한 가짜 어미와 함께 키웠습니다. 두 가짜 어미는 모두 우 윳병을 매단 상태였습니다.

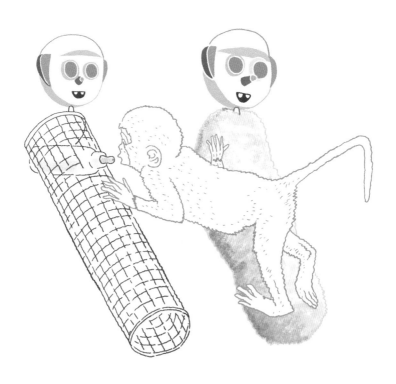

원숭이 새끼들은 두 가짜 어미 중에 어느 쪽을 더 좋아했을까요? 네, 부드럽고 따뜻한 헝겊 어미를 더 좋아했습니다. 심지어 우윳병을 철사 어미에게만 매단 경우에도 새끼들은 우유를 마실 때를 빼고는 대부분의 시간을 헝겊 어미 곁에서 보냈습니다. 이 실험은 먹여주고 재워주는 것 못지않게 부드러운 신체적 접촉이 우리에게 얼마나 중요한지를 잘 보여줍니다.

접촉위안 이론 Contact Comfort Theory   애착 이론 중 하나로 신체 접촉의 중요성을 강조한다. 해리 할로가 원숭이 실험으로 어미와 새끼 사이의 애착관계에는 먹을 것과 같은 생리적 욕구보다 부드러운 신체 접촉을 통한 심리적 위안을 받고자 하는 욕구가 더 크게 관여함을 검증했다.

철사 어미와만 함께 있어서 부드러운 접촉을 경험하지 못한 원숭이들은 나중에 또래 원숭이들과 어울리지 못하거나 공격적인 행동을 했습니다. 게다가 자기 몸을 물어뜯는 자해행동을 하거나 짝짓기를 하는 데 어려움을 겪었으며, 새끼를 낳아도 잘 돌보지 않거나 학대하는 행동을 보이기도 했습니다.

이 실험 결과가 우리에게 주는 교훈은 무엇일까요? 첫째, 부모와 자녀의 관계에서는 먹여주고 키워주는 단순한 보상 이상의 따뜻한 접촉이 필요하다는 것입니다. 둘째, 부모와 따뜻한 접촉을 경험하지 못하면 나중에 어른이 되어서도 자식에게 따뜻한 접촉을 시도하지 못하고 여러 가지 심리적인 문제를 겪을 수 있다는 것입니다. 셋째, 접촉 결핍의 대물림을 반복하고 싶지 않다면 자녀와 따뜻한 접촉을 자주 해야 한다는 것입니다.

부드러운 접촉과 즐거운 기억을 남겨주자

아버지와 함께 보낸 시간을 통해 저는 한 가지 중요한 사실을 깨달았습니다. 내가 우리 아이들에게 물려줘야 할 최고의 유산이 무엇일까? 평생 먹고살 수 있는 재산? 풍요로운 삶을 살 수 있는 지혜? 근면성실한 생활태도? 모두 좋습니다. 그보다 저는 아이들에게 부모와의 부드러운 접촉, 따뜻한 기억, 즐거운 추억을 물려줘야겠다는 생각을 하게 되었습니다.

나중에 아이들이 기꺼이 부모의 몸을 닦아주기를 바란다면 지금 당장 우리가 해야 할 일이 있습니다. 우리가 먼저 자녀를 따뜻하게 터치할 수 있어야 하고, 즐거운 추억과 따뜻한 기억을 함께 만들어가는 것입니다. 따뜻한 스킨십과 함께 여러분에게 권하고 싶은 것이 하나 더 있습니다. 자녀와의 1:1 만남이나 여행입니다.

아버지가 돌아가신 후에 무척 아쉬웠던 것이 하나 있습니다. 한 번도 집밖에서 아버지와 단 둘이 술자리를 갖거나 여행을 해본 적이 없다는 것입니다. 살아생전에 '아버지, 시간 좀 내주세요. 아버지하고 둘이서만 밥 먹으면서 이런저런 이야기를 하고 싶어요'라고 제안했다면 아버지가 얼마나 좋아하셨을까요? 그랬더라면 가족이 모두 함께 한 자리에서는 할 수 없던 둘만의 이야기를 나누면서 아름다운 추억을 간직할 수 있었을 텐데요. 지나고 나니 너무나도 아쉽습니다.

그래서 저는 아내와 아이들에게 그런 행복한 추억을 만들어주고 싶어서 그동안 아들과 딸에게 엄마와 둘이서만 여행을 갈 수 있는 기회를 몇 번 만들어줬습니다. 아이들이 가끔 엄마와 함께 갔던 여행에서 남겨온 실수담과 즐거운 추억을 주고받는 모습을 볼 때마다 제가 정말 잘했다는 생각이 들었습니다.

꽤 오래전부터 저는 은근히 아들이 제게 1:1로 만나자고 먼저 제안해주기를 기대하고 있는데 도대체 그럴 기미가 보이지 않습니다. 그래서 할 수 없이 요즘은 제가 가끔 아들에게 둘만의 만남을 제안하고 있습니다. 둘이만 만나면 온 가족이 함께 만날 때와는 다른 경험을 할 수 있습니다. 여러분도 한번 시도해보십시오.

아이들에게 부모와 함께 나누었던 즐거운 추억과 따뜻한 접촉의 기억만큼 좋은 선물은 없다고 생각합니다. 그런 선물을 주기 위해 부모가 먼저 자녀를 좋아하고, 적극적으로 표현하는 연습을 해야 합니다.

Think & Action!

훗날 아이들이 나를 떠올리면서 따뜻하고

행복한 추억으로 기억할 수 있는 일은 무엇일까?

오늘 해줄 수 있는

부드럽고 따뜻한 스킨십은 무엇인가?

함께 밥 먹고 싶은 부모가 되자

사업에서 가장 중요한 것들은 교과서에 나와 있지 않다. 예컨대 사업상의 식사가 그렇다.
— 헤르만 시몬

앞에서 아이들에게 남겨줘야 할 최고의 유산 중 하나가 즐거운 추억을 만들어주는 것이라고 말씀드렸습니다. 어떻게 하면 그게 가능할까요? 여러 가지가 있겠지만 저는 그중 한 가지가 훈계 없는 식사시간을 만드는 것이라고 생각합니다.

여러분 가정의 저녁식사 분위기는 어떤가요? 상담을 하다 보면 부모님과 함께 하는 저녁 자리를 피하고 싶다는 청소년이 의외로 많습니다. 사랑하는 가족이 모두 함께 모인 저녁 자리를 아이들은 왜 불편하게 느끼는 걸까요? 거기서 이루어지는 대화가 지적과 추궁 및 훈계로 일관하기 때문입니다. "똑바로 좀 앉아라." "휴대폰 좀 그만 봐라." "숙제는 했니?" "이번 시험 성적은……" 등등.

밥상머리 교육 자제하고, 훈계 없는 식탁을 만들자

왜 우리 부모들은 밥맛을 떨어뜨리는 이런 대화를 밥상머리에서 하는 것일까요? 이유가 있습니다. 가족이 모두 모일 수 있는 시간이 주로 저녁식사 자리이기 때문입니다. 자식을 사랑하기 때문입니다. 지적하고 고쳐주고 가르쳐줘서 더 나은 삶을 살기를 바라기 때문입니다.

특히 자녀와 함께 식사할 기회가 많지 않은, 밥상머리 교육의 중요성을 잘 알고 있는 아빠들은 식사시간이야말로 절호의 찬스라고 생각하면서 뭔가를 지적하고 가르치려고 합니다. 사실 저도 그랬습니다. 솔직히 고백하면 요즘도 가끔은 그렇습니다.

하지만 이 대목에서 짚고 넘어가야 할 것이 있습니다. 아무리 선의로 시작해도 훈계로 일관하는 식탁은 얻는 것보다, 잃는 게 더 많습니다. 듣기 싫은 말로 인해 밥맛이 떨어지면 함께 식사하기가 싫어지고, 함께 밥 먹기 싫은 사람이 하는 말은 언제 무슨 말을 하든 무조건 듣기 싫은 것이 인지상정입니다.

실제로 미국의 조사 결과에 따르면, 가족과 함께 저녁을 먹지 않는 10대의 혼전성교 비율이 가족과 함께 저녁을 먹는 10대보다 무려 네 배나 높은 것으로 나타났습니다. 이런 결과는 가정에서의 식사 분위기가 청소년의 탈선 행동과 매우 밀접한 관계가 있다는 얘기입니다. 식사 분위기는 가족의 심리와 정서에 지대한 영향을 미칩니다.

그렇다고 밥상머리 교육을 절대 하지 말라는 게 아닙니다. 해야 하고 필요합니다. 제 말은 습관적으로 훈계 일변의 대화를 하지는 말자는 것입니다. 가끔씩이라도 밥상머리 교육을 자제하고 훈계 없는 즐거운 저녁 자리를 만들어보자는 것입니다. 짜증나는 식사시간은 아이나 부모, 그 어느 쪽에도 도움이 되지 않습니다.

그런데도 진수성찬을 차려놓고 밥맛이 뚝 떨어지게 하는 주부들이 많습니다. "대출금은 어떻게 갚을 생각이에요?" "옆집 아저씨는 이번에 임원이 됐다는데 당신은 언제 승진해요?"

자기 돈으로 회식을 시켜주고도 직원들에게 미움을 받는 상사도 많습니다. "하반기에는 120% 목표 달성할 거죠?" 한턱 냈으니 몇 마디 하고 싶은 심정은 이해하지만 먹을 것 앞에서 잔소리 듣는 것만큼 짜증나는 일은 없습니다.

아무리 맛있는 것을 사줘도 스트레스를 주는 주제를 입에 올리는 것은 역효과를 냅니다. 아무리 진수성찬이라도 그런 말을 들으면 밥맛이 뚝 떨어집니다. 그래서 정말 기분 나쁜 사람을 '밥맛없는 사람'이라고 표현하고, "밥 먹을 때는 개도 건드리지 않는다"는 말이 생긴 것 같습니다.

사람들이 빌 게이츠를 좋아하는 이유

빌 게이츠는 세계 최고의 부자로도 유명하지만 그를 싫어하는 사람이 별로 없는 것으로도 유명합니다. 대화를 할 때 맞장구를 치면서 상대방의 이야기를 잘 들어주기 때문입니다. 그가 대화를 할 때 트레이드마크처럼 자주 쓰는 단어가 세 가지 있습니다. 첫째, Really? 정말이요? 둘째, Excellent! 정말 대단하네요! 셋째, And then what happens? 그래서 어떻게 됐어요?

어떤 사람이 제주도 용두암에서 아내와 바라본 석양이 정말 근사했다고 말한다면 빌 게이츠는 이렇게 말하겠죠? 첫째, 정말이에요? 둘째, 아이들은 놔두고 두 분만 여행을 가셨다고요? 멋지시네요! 셋째, 그날 저녁은 어땠어요? 간단한 것 같지만 이런 상황에서 빌 게이츠처럼 말할 수 있는 사람은 의외로 많지 않습니다.

언젠가 제가 아내와 함께 제주도 용두암에서 바라본 석양이 정말 멋있었다고 했더니, 어떤 사람이 이렇게 말했습니다. "교수님은 아직 타이티 안 가보셨어요? 거기 석양은 정말 너무너무 근사합니다. 제주도하고는 비교가 안 됩니다." 이런 사람과 대화를 하다 보면 맥이 빠지지 않나요? 우리가 자녀를 대할 때도 마찬가지 아닐까요?

어느 날 학교에서 돌아온 아이가 자랑스럽게 이렇게 말합니다. "아빠, 나도 학교에서 인기가 좀 있는 것 같아. 친구들이 나를 좋아한대." 빌 게이츠 같으면 이 상황에서 뭐라고 대답할까요? 아마도 눈을 동그랗게 뜨고 아이의 눈을 들여다보면서 이렇게 말하겠죠?

"정말? 그런데 얼마나 많은 친구들이 우리 아들을 좋아할까?" "두 명!" 그러면 이렇게 반응하겠죠? "우와, 우리 아들 대단하다! 좋은 친구는 세상에 딱 한 명만 있어도 된다는데, 우리 아들은 좋은 친구가 두 명이나 되는구나!" "그래서? 그 친구들하고 오늘 어땠어?"

하지만 빌 게이츠처럼 아이의 말에 맞장구를 쳐줄 수 있는 아빠가 얼마나 있을까요? 상담을 하다 보면 안타깝게도 빌 게이츠처럼 자상한 아빠는 그리 많지 않습니다. 오히려 이렇게 반응하는 부모님이 의외로 많습니다.

"설마? 누가 너 같은 애를 좋아하겠니? 성격도 이상한데……." 그 말을 듣고 맥이 빠진 아이에게 이렇게 다시 묻겠죠? "그런데 몇 명이나 널 좋아하는데?" 그러면 아이는 더 풀이 죽어 기어들어가는 목소리로 이렇게 말하겠죠? "두 명……." "겨우 두 명? 얼른 들어가서 공부나 해!" 왜 그럴까요? 표현 방법에 대해 배우고 연습할 기회가 없었기 때문입니다.

중요한 사실은 부모가 자녀에게 했던 그대로 나중에 돌려받는다는 것입니다. 이게 바로 '상호성의 원리'입니다. 우리가 늙으면 이런 날이 있겠죠? 하루 종일 무료하게 시간을 보낸 후, 퇴근한 아들이 반가워서 이렇게 한마디 합니다. "애비야, 나도 꽤 인기가 있는 것 같더라. 할머니들이 나를 좋아하는 것 같아."

그러면 아들은 어떻게 반응할까요? "설마요! 누가 아버지 같은 분을 좋아하겠어요. 남의 말도 잘 안 듣고 성격도 괴팍하신데……. 그래 몇 분이나 아버지를 좋아하는데요?" 그러면 풀이 죽어 이렇게 말하겠죠? "두 명……." 그러면 아들은 읽고 있던 신문에서 눈을 떼지도 않고 말할 것입니다. "알았어요. 얼른 들어가서 주무세요!" 참, 슬픈 일 아닌가요?

대화의 1 : 2 : 3 법칙

① 1분 동안 말을 했다면,

② 그 두 배인 2분 동안은 귀를 기울여 듣고,

③ 그 2분 동안에 최소한 세 번은 맞장구를 치자.

직장 동료나 상사, 부하직원, 고객, 심지어는 가족 사이에도 '준 만큼 돌려받고 대접하는 만큼 대접받는 것'이 바로 상호성의 원리입니다. 상호성의 원리, 알고 보면 세상을 지배하는 가장 강력한 자연법칙입니다.

아버지 효과를 아시나요?

10대 자녀에게 고민거리가 생겼을 때 아버지와 가장 먼저 의논하겠다는 아이들은 얼마나 될까요? 몇 년 전 여성가족부가 발표한 가족실태조사 결과를 보면 "자녀가 고민이 생길 경우 가장 먼저 나와 의논한다"는 설문에 자신 있게 그렇다고 답한 아버지는 50.8%였습니다.

같은 설문을 10대 자녀에게 했을 때 몇 퍼센트가 그렇다고 답했을까요? 정확하게 4%였습니다. 동상이몽도 이만저만한 동상이몽이 아니죠? 왜 이렇게 차이가 나는 것일까요?

아버지 본인은 자녀에 대한 관심이나 사랑이 마음속에 가득하니까 그것이 충분히 전달되었을 거라고 생각합니다. 하지만 자녀는 관심이나 사랑을 충분히 전달받지 못하고 있다고 생각하기 때문에 이런 안타까운 결과가 나올 수밖에 없습니다.

그럼 무엇이 중요할까요? 자신의 마음을 상대방에게 제대로 전달해야 합니다. 아무리 아름다운 생각을 마음속에 가득 담아두고 있다 해도 제대로 표현하지 않는다면, 그건 선물을 사서 예쁘게 포장까지 해놓고 상대방에게 건네주지 않는 것과 같지 않을까요?

여러분은 자녀 양육에서 엄마와 아빠 중 누가 더 중요하다고 생각하시나요? 당연히 양쪽 모두 중요합니다. 그러나 많은 아버지들은 자식이 잘못되면 집에서 뭘 했느냐며 엄마 탓을 합니다. 하지만 그렇지 않습니다. 혹시 **아버지 효과**Father Effect라고 들어보셨나요?

최근의 연구 결과에 따르면 엄마보다 아빠가 자녀의 심리적 성장, 즉 인지, 언어, 사회성, 정서 및 성적 등에 더 많은 영향을 미친다는 사실이 밝혀지고 있습니다. 이것이 바로 아버지 효과입니다.

그러므로 아이가 건강하게 성장하길 원한다면 아버지 효과에 주목할 필요가 있습니다. 아버지와 친밀한 관계를 유지하는 아이는 지적 능력이나 사회성이 더 뛰어나고 우울증이나 행동발달 문제 및 10대 임신 등의 위험이 훨씬 더 적은 것으로 밝혀졌습니다.

앞에서 원숭이 실험을 통해 어릴 적 어미와 따뜻한 접촉을 하지 못하면 나중에 얼마나 많은 문제들이 발생하는지 말씀드렸죠? 그런데 그런 경우에도 희망이 있습니다. 어렸을 때 어미 원숭이와 적절한 접촉 경험을 갖지 못한 새끼도 아비 원숭이와 함께 지내면 그 박탈 경험이 상쇄된다는 것입니다. 아비 원숭이와 따뜻한 접촉 경험을 하면 어른이 되었을 때 원숭이 무리들과 좋은 관계를 유지하고 이성 원숭이들과도 적절한 성적 관계를 맺는 것으로 밝혀졌습니다.

언젠가 《포춘》에서 세계 최고의 부자 빌 게이츠를 인터뷰하면서 물었습니다. "당신에게 가장 큰 영감을 준 멘토는 누구였습니까?" 빌 게이츠는 누구라고 대답했을까요? "첫 번째는 아버지이고, 두 번째는 워런 버핏입니다." 우리 자녀에게 같은 질문을 한다면 과연 뭐라고 대답할까요?

오늘은 밥상머리 교육을 자제하고 훈계 없는 대화를 해보자.

1분 동안 말을 했다면,

그 두 배인 2분 동안은 귀를 기울여 듣고,

그 2분 동안에 최소한 세 번은 맞장구를 쳐보자.

빌 게이츠처럼.

우와! 정말?

멋지다! 대단하다!

그래서 어떻게 됐니?

빛을 향해 돌아서면
그림자가 사라진다

아름다운 질문을 하는 사람은 언제나 아름다운 답을 얻는다.
— E. E. 커밍스

　영어 85점, 사회 60점, 국어 60점, 생물 55점, 수학 32점…….
여러분의 자녀가 받아온 성적표입니다. 어떤 과목에 가장 먼저
눈이 갑니까? 어떤 과목에 대해 아이와 가장 많은 대화를 나누
겠습니까? 가장 점수가 낮은 수학이 아닐까요?

　미국의 부모들도 마찬가지입니다. 연구 결과에 따르면 가장
성적이 나쁜 과목에 먼저 눈이 가고 가장 오랫동안 대화를 한
다는 부모가 77%였습니다. 가장 점수가 좋은 과목부터 본다는
부모는 단지 6%에 불과했습니다.

왜 부모는 가장 성적이 나쁜 과목부터 보고, 가장 많은 대화를 나눌까요? 성적이 나쁜 과목의 점수를 끌어올려야 평균 점수가 올라가고, 평균 점수가 올라가야 좋은 대학에 들어가고, 좋은 대학에 들어가야 잘살 수 있다고 생각하기 때문입니다.

그런데 정말 그럴까요? 한번 상상을 해보죠. 77%의 부모처럼 우리가 성적이 가장 낮은 수학 점수를 가리키면서, "이걸 도대체 점수라고 받아왔니? 설명 좀 해봐! 도대체 너는 누굴 닮아서 이 모양이니?" 하고 한참 다그치다가 "당장 가서 수학 공부부터 해!"라며 소리를 치겠죠?

그럼 아이는 '그래 빨리 수학 공부를 해야겠다. 열심히 수학 공부를 해서 아빠를 기쁘게 해드려야지!' 이런 생각을 하면서 즉각 열공 모드에 돌입할까요? 당연히 아닐 것입니다.

그러나 6%에 속한 특별한 부모는 다르겠죠? 그들은 이런 식으로 접근하지 않을까요? 가장 점수가 좋은 과목을 가리키면서 "영어 점수가 제일 좋네. 그런데 어떻게 해서 영어 성적이 다른 과목보다 이렇게 잘 나왔을까? 아빠는 학교 다닐 때 영어가 제일 어려웠는데……."

그러면 아이는 이렇게 대답하겠죠? "영어는 그냥 외우면 안 되더라고요. 일단 이해한 다음에 외워야 더 잘 외워지더라고요."

"아, 그렇구나. 그럼 수학도 그런 식으로 하면 되겠네. 무조건 공식을 외우려고 하지 말고, 한 문제라도 완전히 이해하고 난 다음에 공식을 외우면 더 잘 외워지겠지?"라고 말하면 아이는 이렇게 대답하겠죠? "네, 그래야겠네요. 그런데 정말 죄송해요. 성적이 너무 안 좋죠? 앞으로 열심히 할게요." "괜찮다. 오늘은 늦었으니까 얼른 들어가서 자거라." 아이는 '아, 성적이 나빠도 되는구나' 이렇게 생각하면서 곧바로 자버릴까요?' 아니겠죠. 어떻게든 자신의 말에 책임을 지려고 할 것입니다.

점수는 정확하게 기억나지 않지만, 사실 이 이야기는 제 아이가 고등학교 다닐 때의 일화입니다. 그 후 아이는 점수가 가장 좋았던 영어를 더 열심히 공부했습니다. 그러더니 어느 날 영어 특기자로 대학에 가겠다고 하더군요. 그리고 실제로 외국어 특기자 전형으로 몇 개 대학에 합격했습니다. 가장 어려워하고 싫어하는 수학 과목의 점수를 끌어올리려고 했더라면 불가능했을 것입니다. 약점을 보완하려고 하면 평균밖에 안 되지만 그 시간에 자신의 강점을 특화시키면 남다른 일도 해낼 수 있습니다.

질문을 바꾸면 답이 달라진다

"넌 왜 이렇게 수학 점수가 엉망이니?" 이렇게 물으면 아이는 점수가 나쁠 수밖에 없는 평계들을 찾아낼 것입니다. 하지만 "영어는 어떻게 해서 잘할 수 있었을까?"라고 물으면 영어를 더 잘할 수 있는 근거들을 찾아낼 것입니다. 이렇게 질문을 바꾸면 답이 달라집니다. 이런 식의 강점 기반 접근법을 **긍정 탐구 기법**이라고 합니다.

긍정 탐구 기법 Appreciative Inquiry Technique   개인이나 조직의 문제 해결 기법 중 하나. 약점이나 실패 요인을 찾아내고 개선하는 데 초점을 맞추는 것이 아니라 긍정적인 질문을 통해, 개인 또는 조직의 강점이나 잠재력을 발견하고 개발하는 방법이다.

물론 강점에 초점을 맞추는 것이 쉬운 일은 아닙니다. 인간은 자기 자신을 대할 때조차도 기본적으로 부정적인 쪽에 더 많은 에너지를 쏟게 마련입니다. 사람들에게 자신의 장점이 무엇이고 그것을 어떻게 발휘하는지 물어보십시오. 십중팔구는 얼른 대답하지 못할 것입니다. 하지만 약점이 무엇인지 물어보십시오. 그러면 줄줄이 늘어놓을 것입니다.

사람들은 자신을 대할 때뿐 아니라 남을 대할 때도 약점을 찾아내고 그것을 바꾸려고 많은 시간과 노력을 투자합니다. 그것은 인간의 본능입니다. 생존에 중요하기 때문입니다. 하지만 약점을 찾는 데 너무 많은 에너지를 투자하면 심각한 문제가 발생합니다. 강점을 살리지 못한다는 것입니다.

약점에 기울이는 노력은 실패를 예방하는 것 이상의 효과가 없음을 기억해야 합니다. 사람을 성장시키고, 탁월한 성과를 내게 만드는 것은 강점을 찾아내서 개발해야만 가능한 일입니다. 그림자를 없애는 가장 간단한 방법은 뒤로 돌아서 빛을 바라보는 것입니다. 이 원리는 인간관계에서도 똑같이 적용됩니다.

가족의 장점 목록을 만들어보자

2001년 결혼 19주년 기념일을 앞두고 저는 아내에게 줄 선물과 함께 뭔가 작은 것을 추가할 게 없을까 생각하다가 아내의 장점을 찾아서 전해주기로 했습니다. 결혼 19주년이니까 아내의 19가지 장점을 찾아보기로 했습니다. 19가지를 찾아 적은 다음에 이렇게 제목을 붙였습니다. '○○○, 당신의 장점 19가지.' 이 중 몇 가지를 소개해드릴까요?

01. 생각이 복잡하지 않고 아이처럼 순수하다…… 07. 목욕탕에 할머니를 모시고 가서 씻겨드리는 등 할머니에게 딸처럼 다정하게 대한다…… 19. 특별한 경우를 제외하고는 항상 표정이 밝다. (안 그럴 때도 있다는 얘기죠?^^)

그리고 열여덟 살인 아들에게는 '○○의 장점 18가지'라는 제목으로, 01. 기분 나쁜 감정을 오래 간직하지 않고 쉽게 푼다 등의 목록을, 열두 살인 딸에게는 '○○의 장점 12가지'라는 제목으로, …… 12. 인사를 잘해서 이웃들에게 칭찬을 많이 받는다 등의 장점 목록을 만들어 전해줬습니다.

장점 목록을 전하고 며칠이 지난 후 두 아이의 방에 들어가보니 약속이나 한 듯이 아들은 책상 앞 벽에, 딸은 침대 옆 벽에다 그것을 붙여놓고 있었습니다. 아이들은 가끔씩 아빠가 써준 자신의 장점을 읽어보면서 어떤 생각을 했을까요?

아들의 스물다섯 살 생일에는 '○○가 우리 집에서 보물인 까닭 25가지'라는 제목으로 25가지 장점을 적은 생일 축하 편지를 써줬습니다. 확인해보니 편지 말미에 이렇게 썼더군요. "○○야, 아빠는 네가 아빠 아들이라는 게 정말 좋다. 네가 집에 있으면 든든하게 느껴진다. 울고 보채다가 까르륵거리며 재롱을 부리던 때가 엊그제 같은데, 벌써 든든한 청년이 되었구나. 세월이 정말 빠르다. 건강하게 자라줘서 고맙고 행복하다. 스물다섯 번째 생일을 축하하면서, 아빠가."

사실 자녀의 장점을 나이만큼 찾아 전해주는 게 쉬운 일은 아닙니다. 하나하나 찾아내서 글로 정리하는 것도 그렇지만, 그걸 전해주는 것도 낯간지러운 일일 수 있으니까요. 하지만 여러분도 한번 시도해보십시오. 장점 목록을 받아본 가족도 기분이 좋겠지만, 가족의 장점을 찾다 보면 우리 자신의 생각과 기분이 먼저 달라질 수 있으니까요. 장점을 찾는 데 초점을 맞춘 긍정 탐구 기법은 자녀를 키울 때뿐만 아니라 비즈니스를 할 때도 매우 중요합니다.

회사에서도 직원의 단점보다 가능성이나 강점에 초점을 맞춰야 생산성을 더욱더 높일 수 있습니다. 많은 기업들이 직원의 근무 태도를 개선하고 성과를 높이기 위한 교육과 워크숍에 엄청난 시간과 돈을 투자하고 있습니다. 하지만 생각보다 효과가 없습니다. 주로 약점 기반의 부정적 접근 방법을 선택하기 때문입니다.

조직의 문제점을 찾아내서 개선하는 데 에너지를 낭비하기보다 조직의 성과에 기여하고 있는 소수 구성원의 강점을 발굴해서 이를 조직 전체에 전파하는 긍정 탐구 기법을 활용하는 것이 생산성을 높이는 데 훨씬 더 효과적입니다.

상사와의 관계도 마찬가지입니다. 실패하는 사람들은 상사의 문제점이나 약점만 보면서 투덜거립니다. 하지만 성공하는 사람들은 다릅니다. 그들은 상사의 약점이 아니라 상사의 강점, 상사의 긍정적인 측면에 초점을 맞춥니다. 그래서 더 좋은 관계를 유지하고 더 많은 성과를 만들어냅니다. 직장에서 자신의 목표를 달성하기 위해 상사의 강점이나 긍정적인 측면을 활용하는 것보다 더 효과적인 방법은 없습니다.

뛰어난 아버지 덕분입니다

아주 독특한 전략으로 아이를 성공시킨 아버지도 있습니다. 프로 볼링계의 전설 넬슨 버튼은 최고의 상금을 받던 날, "성공의 비결이 뭡니까?"라는 기자의 질문에 이렇게 대답했습니다. "저는 실패한 경험이 없습니다. 뛰어난 아버지 덕분입니다!"

네 살짜리 아들에게 볼링을 가르쳐주고 싶은 아버지는 뭐가 제일 걱정될까요? 아이가 아직 어려서 핀을 하나도 맞힐 수 없다는 사실 아닐까요? 그래서 대개는 아이에게 볼링 가르치는 것을 포기합니다. 그러나 넬슨 버튼의 아버지는 달랐습니다.

그는 특이한 방법으로 아들에게 볼링을 가르쳤습니다. 10개의 고정된 핀 외에 추가로 서너 개의 핀을 커터(고랑) 끝에 세워두었습니다. 아이가 어떻게 공을 던져도 핀을 쓰러뜨릴 수 있게 한 것입니다.

아빠는 아이가 핀을 쓰러뜨릴 때마다 박수를 치면서 칭찬해 주었고, 아이는 볼을 던질 때마다 자신감을 키울 수 있었습니다. 그렇다면 우리는 어떤 방법으로 자녀가 성공 경험을 반복하면서, 자신감을 갖도록 도와줄 수 있을까요?

Think & Action!

그림자를 없애려면 빛을 향해 돌아서면 된다.

가족들의 장점은 무엇인가?

가족들의 나이만큼

장점을 찾아 목록으로 만들어보자

그리고 또 한 가지,

자녀가 닮았으면 좋겠다는 내 장점 10가지는?

~~~~~~~~~~~~~~~~~~~~~~~~~~~~~~

~~~~~~~~~~~~~~~~~~~~~~~~~~~~~~

~~~~~~~~~~~~~~~~~~~~~~~~~~~~~~

~~~~~~~~~~~~~~~~~~~~~~~~~~~~~~

~~~~~~~~~~~~~~~~~~~~~~~~~~~~~~

~~~~~~~~~~~~~~~~~~~~~~~~~~~~~~

~~~~~~~~~~~~~~~~~~~~~~~~~~~~~~

~~~~~~~~~~~~~~~~~~~~~~~~~~~~~~

~~~~~~~~~~~~~~~~~~~~~~~~~~~~~~

~~~~~~~~~~~~~~~~~~~~~~~~~~~~~~

~~~~~~~~~~~~~~~~~~~~~~~~~~~~~~

~~~~~~~~~~~~~~~~~~~~~~~~~~~~~~

그들을 좋아해야만
합니다

설득을 하려면 상대가 당신의 메시지뿐 아니라 당신을 믿어야 한다.
당신을 좋아하지 않는다면 믿으려 하지 않을 것이다.
– 크리스 세인트 힐레어

상호성의 원리가 갖는 위력은 아무리 강조해도 지나치지 않습니다. 요즘 대학병원에서는 외과 수련의를 뽑는 데 정말 애를 먹고 있다고 합니다. 이런 기사가 신문에 실리기도 했습니다. 서울의 한 대학병원에서 인기가 없는 흉부외과 같은 과에 의사들을 모시기 위해서 다른 과 의사보다 보수를 훨씬 더 많이 지급한다는 공고를 냈다는 것입니다.

왜 그럴까요? 그 분야는 수련 과정이 힘들면서도 의료 사고가 날 가능성도 많고, 따라서 환자에게 소송을 당할 가능성도 많기 때문입니다.

요즘은 우리나라에서도 의료 소송이 점점 늘어나고 있습니다. 미국에서는 오래전부터 많은 의사들이 이 문제를 해결하기 위해 고민해왔습니다. 그러니 당연히 이 분야에 관심을 갖고 연구를 하는 사람들도 많겠지요?

존경받는 의사와 최고의 교수, 무엇이 다른가?

토론토대학의 웬디 레빈손 박사는 의료 사고를 여러 번 내고도 고소를 당하지 않는 의사가 있는가 하면, 어쩌다 한 번 사고를 내고도 환자나 가족에게 고소를 당하는 의사가 있다는 사실에 주목했습니다. 왜 이런 차이가 생기는지 조사해보니 문제는 의외로 아주 작은 차이에서 비롯되었습니다.

의사가 환자를 진료하는 과정을 촬영한 녹화 테이프를 분석한 결과 고소를 잘 당하지 않는 의사들은 잘 당하는 의사들에 비해 첫째, 환자와 면담하는 시간이 3분 정도 더 길었습니다. 그리고 환자의 말을 듣는 자세가 매우 진지했습니다. 둘째, 환자에게 미소를 짓거나 환자가 웃도록 했습니다. 그리고 세번째, 제가 가장 흥미롭게 생각하는 부분입니다.

테이프에서 소리를 지운 채 의사의 표정만을 분석했습니다.

그 결과, 고소를 잘 당하는 의사는 환자에게 거만한 표정을 짓는 반면, 고소를 잘 당하지 않는 의사는 환자에게 미소를 짓거나 배려하고 걱정하는 표정을 더 많이 지었습니다.

레빈손 박사에 따르면 의사를 고소했던 환자들 가운데 이렇게 말하는 사람은 한 명도 없었다고 합니다. "저는 그 선생님이 정말 좋아요. 하지만 그 선생님을 고소하지 않을 수가 없어요."

반면 주치의가 의료 사고를 냈음에도 고소하지 않은 환자들은 대부분 이렇게 말했다고 합니다. "그 선생님이 실수한 건 별로 중요하지 않아요. 왜냐하면 저는 그 선생님을 좋아하거든요."

사람들은 누구나 자기를 좋아하는 사람을 좋아합니다. 그리고 일단 좋아하게 되면 판단할 필요를 느끼지 못합니다. 마찬가지로 환자들 역시 의사를 좋아하면 웬만큼 잘못해도 용서하는 경우가 많습니다. 그만큼 고소할 가능성도 적다는 얘기입니다.

따뜻한 표정과 연민 어린 눈빛, 위로의 말 한마디, 환자의 말을 조금 더 듣기……. 환자를 좋아한다는 메시지를 전달하는 이런 작은 행동으로도 의사는 환자에게 고소당하는 것을 얼마든지 줄일 수 있습니다.

학생들을 가르칠 때도 그렇지 않을까요? 미국 뉴욕대학의 'Best Teacher 연구소' 소장인 켄 베인 박사는 학생들에게 존경받는 최고의 교수와 최악의 평가를 받는 교수의 차이점이 무엇인지 조사했습니다. 최고의 교수들은 모두 비슷할 것이라는 예상과 달리 천차만별이었습니다. 겉으로 보기에 공통점이 별로 없다는 말입니다.

우선 성격이 제각각이었습니다. 수줍은 사람도 있고, 대담한 사람도 있고, 언행이 튀는 사람도 있고, 평범한 사람도 있었습니다. 옷차림과 헤어스타일도 각양각색이었습니다. 정장을 좋아하는 사람도 있고, 청바지를 즐겨 입는 사람도 있었습니다. 학생을 부르는 호칭도 모두 달랐습니다. 그렇지만 그들에겐 한 가지 공통점이 있었습니다. 무엇일까요? 학생들을 좋아하고 존중한다는 사실이었습니다.

학생들에게 최악의 평가를 받는 교수들 역시 성격이나 복장, 학생을 부르는 호칭 등이 제각각이었습니다. 하지만 그들 역시 한 가지 공통점이 있었습니다. 여러분은 답을 찾아내셨죠? 학생들을 싫어한다는 점입니다. 최악의 교수들은 권위주의적이고, 걸핏하면 학생들에게 면박을 주고 학생들을 무시했습니다.

인물사진을 찍을 때 가장 중요한 기술은?

일본에 사토 도미오라는 사진작가가 있습니다. 그는 예순여섯 살에 처음으로 사진 공부를 시작해 인물사진의 대가가 되었습니다. 어떤 기자가 그에게 질문했습니다. "인물사진을 잘 찍으려면 가장 중요한 기술이 무엇일까요?"

사토 도미오는 뭐라고 대답했을까요. "그 어떤 기술보다 촬영자가 피사체를 좋아해야만 합니다. 카메라의 눈은 정말 정직합니다. 촬영자가 피사체를 좋아하지 않으면 그 무미건조한 감정이 그대로 사진에 반영됩니다." 정말 명언이죠?

저는 이 주제로 강의할 때 이런 질문을 받습니다. 세일즈 하는 분들을 대상으로 할 때는 "교수님, 고객을 우리 편으로 만들기 위해 가장 중요한 일이 뭘까요?", CEO를 대상으로 할 때는 "이제 나이도 있고 직원들로부터 존경받는 경영자가 되고 싶은데 그러려면 제일 유념해야 할 점이 뭘까요?", 또 학부모를 대상으로 강의할 때는 "교수님, 아이가 정말 말을 안 듣는데 어떻게 해야 할까요?"라는 질문을 받습니다.

제가 그분들에게 항상 하는 말이 있습니다. "그들을 좋아해야만 합니다." 어디서, 누구와, 무슨 일을 하든지 그 일을 통해서 행복하고 성공하려면 반드시 충족해야 할 전제조건이 있습니다. 첫째, 그 일을 좋아해야 합니다. 둘째, 그 일과 관련된 사람을 좋아해야 합니다. 그러니까 우리가 아이들을 잘 키우기 위해 가장 중요한 일은 무엇일까요? 아이를 좋아하고, 아이에게 진심을 담아 좋아한다는 메시지를 전달하는 것입니다.

배우자나 자녀, 부하직원이나 상사 또는 고객이든, 누군가를 설득하려면 반드시 충족해야 할 전제조건이 있습니다. 상대방이 우리를 믿게 만들어야 합니다. 상대방이 우리를 믿지 않으면 어떤 메시지로도 그들을 설득할 수 없습니다. 그렇다면 상대방이 우리를 믿게 하는 가장 효과적인 방법은 무엇일까요?

그들이 우리를 좋아하면 됩니다. 왜냐하면 아무리 옳은 말이라도 싫어하는 사람이 하는 말은 거부감을 갖게 되고, 좋아하면 판단할 필요를 느끼지 않기 때문입니다. 그렇다면 상대방이 우리를 좋아하게 만드는 가장 쉬운 방법은 뭘까요? 우리가 그들을 좋아하고, 좋아한다는 메시지를 제대로 전달하면 됩니다.

누군가를 설득하기 위해서는 내가 먼저 상대를 좋아해야 한다고 말하면 이렇게 하소연하는 분도 있습니다. "교수님, 저요 우리 아이 정말 좋아하고 싶어요. 그런데 아무리 좋아하려고 해도 개는 좋아할 만한 구석이 하나도 없어요." "교수님, 우리 부장님 같은 사람을 어떻게 좋아할 수 있겠습니까? 눈을 씻고 찾아봐도 좋아할 구석이 한 군데도 없습니다."

물론 그런 생각이 들 수도 있습니다. 그럴 때는 나태주 시인의 〈풀꽃〉이라는 시를 떠올려보십시오. 그리고 상대방에 대해 가만히 생각해보십시오. 이 시, 정말 심플합니다. 다들 아시죠?

자세히 보아야 예쁘다.
오래 보아야 사랑스럽다.
너도 그렇다.

그래도 좋아할 수 있는 점이 안 보이나요? 그럴 땐 아이가 자는 모습을 보면서 나태주 시인의 시를 마음속으로 조용히 읊어보십시오. 이 시를 떠올리면서 아이의 자는 모습을 유심히 관찰하면 좋아할 수 있는 구석을 발견하게 될 것입니다. 풀꽃이 원래 그렇잖아요. 슬쩍 보면 예쁜 줄 모르지만 유심히 관찰하면, 그리고 오랫동안 관찰하면 나름대로 다 예쁘지 않습니까?

여전히 좋아할 수 있는 점이 잘 안 보이나요? 그럼 시간을 좀 두고 다시 보십시오. 그리고 고은 시인의 더 짧은 시, 〈그 꽃〉을 떠올려보십시오. 시차를 두고 다시 보면 그전에 보지 못한 것을 볼 수 있습니다.

내려갈 때 보았네
올라갈 때 못 본
그 꽃

자녀도 그렇지만, 상대가 누구든지 소통을 잘하려면 먼저 상대방을 좋아해야 합니다. 벤저민 프랭클린은 이런 말을 했습니다. "사랑받고 싶은가? 그렇다면 사랑하라. 그리고 사랑스럽게 행동하라." 이 말을 살짝 바꾸면 이렇게 되겠죠? "아이가 말을 잘 듣게 하고 싶은가? 그렇다면 먼저 아이를 사랑하라. 그리고 아이가 말을 잘 듣고 싶도록 행동하라."

우리는 누구의 말을 잘 들을까요? 우리가 좋아하는 사람의 말을 잘 듣습니다. 그렇다면 우리가 좋아하는 사람은 어떤 사람일까요? 그야 당연히 우리를 좋아하는 사람입니다. 부하직원들이 믿고 따르는 상사, 존경받는 CEO, 학생들이 믿고 따르는 교사나 부모, 그들에겐 공통점이 있습니다. 자신의 일을 좋아하고, 거기서 만나는 사람들을 좋아한다는 점입니다.

풀꽃
- 나태주

자세히
보아야
예쁘다

오래
보아야
사랑스럽다
너도 그렇다

이제 첫 번째 왜(Why)라는 질문에 관해 정리하겠습니다. 왜 감성 소통과 사람을 끄는 것이 비즈니스뿐만 아니라 인간관계, 특히 자녀와의 커뮤니케이션에서 그렇게 중요한가요? 가장 핵심적인 이유는 바로 인간은 합리적인 존재가 아니기 때문입니다.

인간관계에서 그 사람을 진심으로 좋아하고, 좋아하는 마음을 제대로 전달하는 행동보다 더 중요한 것은 없습니다. 사람은 자기를 좋아하는 사람을 좋아하고, 좋아하면 판단할 필요를 느끼지 않기 때문입니다.

Think & Action!

사랑받고 싶다면 사랑하라,

그리고 사랑스럽게 행동하라.

자녀가 말을 잘 듣게 하고 싶은가?

그렇게 하기 위해

지금부터 어떤 변화를 시도해야 하는가?

~~~~~~

~~~~~~

~~~~~~

~~~~~~

~~~~~~

~~~~~~

~~~~~~

~~~~~~

~~~~~~

말의 내용은 중요하지 않다

"나는 약간의 반란은 좋은 것이며 자연계에서의 폭풍처럼 정치계에서도 필요하다는 것을 인정한다."

1936년 심리학자 로지는 두 반의 대학생들에게 위와 같은 메시지를 제시하면서 이에 대한 찬반 의견을 물었다. 결과는 황당하게 나타났다. 메시지의 내용은 토씨 하나 틀리지 않았는데 두 반의 반응이 완전히 달랐다. A반에서는 대부분의 학생이 찬성했지만, B반에서는 대부분의 학생이 반대했다.

어떻게 이런 결과가 나왔을까? 메시지의 내용은 동일하게 제공됐지만 한 가지 작은 차이가 있었다. A반 설문지에는 이 말 끝에 토머스 제퍼슨의 이름을, B반 설문지에는 이 말 끝에 레닌의 이름을 적어놓았다. 분명히 말의 내용만 보고 판단하라고 지시했지만 학생들은 내용이 아니라 그 말을 한 사람이 누구인지를 보고 찬반 여부를 결정했다. 그 이유는 무엇일까?

미국인이 존경하는 대통령인 토머스 제퍼슨에 대한 긍정적인 감정은 그가 한 말을 긍정적으로 평가하게 했다. 반면에 당시 미국인이 가장 싫어했던 공산주의 혁명가 레닌에 대한 부정적 감정은 그 메시지까지 부정적으로 평가하게 했다. 이처럼 사람은 자기가 좋아하는 사람을 좋아하며, 좋아하는 사람의 말과 행동에 대해서는 판단할 필요를 느끼지 못한다.

2부

What

행복한 관계, 무엇이 다른가

끌리는 부모는 1%가 다르다

문제의 원인을
내부에서 찾는다

당신이 변화시킬 수 있는 우주의 유일한 구석은 당신 자신이다.
– 올더스 헉슬리

　성공하고 행복한 사람들과 반대로 그렇지 못한 사람들을 유심히 관찰하면 몇 가지 차이점을 발견하게 됩니다. 첫째는 문제가 생겼을 때 원인과 해결책을 찾는 방향이 다르다는 것입니다. 실패한 사람은 문제의 원인과 해결책을 외부에서 찾고, 성공한 사람은 내부에서 찾습니다.

　공부 못하는 아이들, 못 가르치는 선생님들, 그리고 자녀나 배우자, 상사나 부하들과 사이가 나쁜 사람들을 관찰해보십시오. 이들에게는 한 가지 공통점이 있습니다. 문제가 생겼을 때 그 원인과 해결책을 외부에서 찾는다는 것입니다.

훌륭한 CEO는 이 점이 다르다

상담을 하다 보면 부부 문제로 찾아오는 분들이 있습니다. "선생님, 저희 부부의 문제가 뭔지 아세요? 대화가 안 된다는 점입니다. 왜 대화가 안 되는지 가만히 생각해보니까 아내가 얘기할 때 제가 말을 끊어요. 제 고질적인 문제입니다. 이거 어떻게 해결해야 할까요?" 이런 분 있을까요? 없습니다.

대부분은 이렇습니다. "선생님, 저희 부부의 문제가 뭔지 아세요? 대화가 안 된다는 점입니다." 여기까지는 똑같습니다. 그다음부터 완전히 갈라지죠. "저 아니면요, 이 사람 아무하고도 못 살았을 겁니다. 저니까 3년씩이나 같이 살았죠. 저, 정말 저 여자(남자) 때문에 미치겠습니다."

부부 사이가 나쁜 분들에게는 공통점이 있습니다. 결혼생활을 불행하게 만들 수밖에 없는 완벽한 기술을 갖고 있다는 점입니다. 그게 뭘까요? 문제가 생기면 즉각 그 원인을 상대방에게서 찾습니다. 그리고 상대방이 바뀌지 않는 한 그 문제가 해결될 수 없다고 생각하면서 상대방을 뜯어고치려는 비효과적인 방법을 반복한다는 것입니다.

반면 행복한 부부들은 다릅니다. 문제가 생기면 얼른 자신에게서 그 원인을 찾으려 노력합니다. 그리고 자신을 돌아보면서 잘못된 점이 있으면 잘못을 인정하고 사과하거나 문제를 해결하기 위해 자신의 태도와 행동을 바꾸려고 합니다.

부부 사이만 그럴까요? 아닙니다. 사업을 할 때도 마찬가지입니다. 일본에 하마구치 다카노리라는 유명한 경영 컨설턴트가 있습니다. 이분은 "훌륭한 사장이라면 눈이 올 때조차도 내 탓이라고 말할 수 있어야 한다"고 했습니다. 좀 황당한 말 같지만 잘 생각해보면 깊은 의미가 담겨 있습니다.

예를 들어 직원이 회사 밖에서 사고를 쳤다고 칩시다. 평범한 사장은 어떻게 생각할까요. 문제의 원인이 직원에게 있다고 생각하겠죠? 해결책은 뭘까요? 직원을 해고해버리면 되겠죠? 그런데 훌륭한 사장이라면 다르다는 말입니다. 모두가 문제의 원인을 그 사원에게 돌릴 때조차도 이런 생각을 하겠죠.

'신입사원을 선발할 때 왜 스펙만 중시했을까? 인성을 제대로 봤어야 하는데……'. 문제의 원인을 자신에게서 찾게 되니까 당연히 해결책을 내부에서 찾아내겠죠. '앞으로 신입사원을 채용할 때는 인성을 제대로 봐야겠어.'

‘사장인 내가 직원 교육을 제대로 시켰더라면 이런 문제가 없었을 텐데…….’ 문제의 원인이 자신에게 있다고 생각하니까 해결책 역시 내부에서 찾아내겠죠? ‘앞으로 이런 문제가 다시 일어나지 않도록 직원 교육을 철저히 시켜야겠구나.’

또 이런 생각을 할 수도 있겠죠? ‘내가 직원들을 가족처럼 대접해줬더라면 이런 배신행위를 하지 않았을 텐데……. 지금부터는 직원들을 가족처럼 따뜻하게 보살펴야겠구나.’ 농사지을 때도, 장사할 때도, 성공하는 사람들은 문제가 생겼을 때 남을 탓하거나 세상을 원망하기보다 문제의 원인을 자기 자신에게서 찾아봅니다.

하지만 문제가 생겼을 때 그 원인을 자신에게서 찾는 것, 결코 쉬운 일이 아닙니다. 자기 자신에게 문제가 있다고 생각하면 책임을 져야 하고 고통스럽기 때문에 사람들은 문제가 생기면 본능적으로 그 원인을 밖에서 찾으려고 합니다.

왜 문제의 원인을 내부에서 찾아봐야 하는가?

그런데도 문제의 원인을 왜 내부에서 찾아야 할까요? 문제의 원인이 외부에 있다고 생각하면 스스로 변화를 시도할 필요성을 느끼지 못하고 해결책도 찾지 못하기 때문입니다. 문제의 원인이 다른 곳에 있는데 무엇 때문에 변화에 따르는 고통을 감수하면서 자신을 바꾸려고 하겠습니까?

아무리 상대방에게 문제가 많다고 해도 상대방 탓만 하면서 자신을 바꾸려고 노력하지 않으면 문제를 해결할 수 없습니다. 어떤 상황에서든 문제의 원인을 내부에서 찾으려는 노력과 연습이 필요합니다.

문제의 원인을 내부에서 찾아보는 것, 행복하고 성공한 사람들의 공통점입니다. 어디서 누구와 어떤 일을 하건 우리의 비위를 거스르는 누군가를 만나게 됩니다. 예를 들어 상사가 날마다 트집을 잡고 괴롭힐 수 있습니다. 모두가 그 상사에게 문제가 있다고 비난합니다. 내부에서 문제의 원인을 찾아보는 사람은 상사만을 탓하는 사람과 이런 점에서 다르지 않을까요?

'저 사람이 나를 괴롭히는 데는 분명 이유가 있을 거야.' '내가 뭔가 빌미를 제공했기 때문인지도 몰라.' 그러면 이런 결론을 이끌어낼 수 있습니다. '아, 그동안 내가 너무 잘난 체했구나.' 그렇다면 바로 이런 식의 해결책을 찾아낼 수 있겠죠? '이제부터는 겸손한 태도로 일해야겠구나.'

어떤 문제든 절반의 책임은 나한테 있다고 생각하고 문제의 원인을 내부에서 찾다 보면 지혜로운 해결책을 더 많이 찾아낼 수 있습니다. 그건 아이를 키울 때도 마찬가지입니다.

자녀와 좋은 사이로 지내려면 아이와 문제가 생겼을 때도 문제의 원인을 내부에서 찾아보려고 애써야 하지 않을까요? 여러분의 자녀는 아침에 일찍 일어나는지 모르겠네요. 제 아이는 깨워야 일어날 때가 많았습니다. 고등학생인데 날마다 깨워야 한다면 부모는 얼마나 화가 나겠습니까? 그런데 저는 심리학자이고 또 카운슬러이기 때문에……. 여러분은 제 애로사항을 이해하실는지 모르겠습니다.

고등학생 아들을 날마다 깨워야 한다면

카운슬러의 행동강령 1호는 뭘까요? 네, '공감과 배려'입니다. 화가 나더라도 참아야겠죠? 처음에는 당연히 천사 같은 얼굴로 부드럽게 깨웁니다. "아무개야, 일어나야지? 우리 아들이 얼마나 피곤했으면 이렇게 못 일어날까? 그래도 학교는 가야 하니 일어나자." 그러면 우리 아이, 제 말이 떨어지기가 무섭게, "아빠! 아빠가 그렇게 공감해주시니까 벌떡 일어나게 되네요! 감사합니다." 이러면 참 좋겠죠? 그리고 저는 학교에 가서 제 학생들에게 공감과 배려가 사람을 변화시키는 데 얼마나 막강한 위력을 발휘하는지 힘주어 강조했을 것입니다.

그런데 다음 날 또 안 일어납니다. 당연히 강도가 약간 더 세지겠죠? "제발 좀 일어나라. 네가 알아서 일어나면 너도 좋고, 아빠도 좋잖니!" 그래도 안 일어납니다. 그러면 다음 날은 목소리가 더 높아지겠죠? "아무개야, 제발 좀 알아서 일어나라고! 너 부자로 살고 싶다고? 아빠가 어제 논문을 읽어봤는데 말이야 출근시간하고 소득 간에는 굉장히 밀접한 관계가 있더라. 매일 이렇게 늦잠 자서 부자로 살겠냐고!" 이래도 안 일어나요.

"아무개야, 너 벤저민 프랭클린 알아 몰라? 그 사람은 초등학교 2학년밖에 못 다닌 사람이야. 그런데 마흔 살이 되기도 전에 엄청난 돈을 벌어서 대학에 도서관도 지어주고, 독학으로 수많은 발명품을 만들고 엄청난 연구 업적을 냈잖아! 너 알지? 그게 다 뭣 때문인지 아니? 아침에 일찍 일어났기 때문이라고!"

저는 최대한 인내심을 발휘하면서 온갖 심리학적인 근거를 동원해서 여러 가지 시도를 반복해봅니다. 결국 저는 어떤 생각을 하게 될까요? 나한테는 아무런 문제가 없다는 생각을 하게 되겠죠? 왜냐?

제가 생각했을 때 저는 세상에서 가장 너그러운 아빠이고 훌륭한 심리학자니까요. 문제는 아이한테 있다고 생각하겠죠? 사실 문제는 아이에게 있습니다. 저는 저희 학교에서 가장 일찍 출근하는 교수 중의 한 명입니다. 그래서 우리 학생들도 가끔 물어봅니다. "교수님은 정말 일찍 출근하시던데 비결이 뭐예요?" 저는 이렇게 얘기해줍니다. "비결? 비결이 있지. 그냥 벌떡 일어나면 돼. 이게 바로 '벌떡 테크닉'이라는 거야."

사실 저는 모태 아침형 인간인 것 같습니다. 초등학교 때도 새벽같이 일어나서 태권도 도장에 다니고 그랬거든요. 오히려 부모님이 위험하니까 너무 일찍 다니지 말라고 하실 정도였습니다. 그냥 벌떡 일어나면 되는데 우리 아이는 왜 안 일어나는 걸까요? 이런저런 생각을 하니 점점 더 화가 치밀어올랐습니다.

때마침 타이밍 절묘하게도 베트남의 틱낫한 스님이 쓴 《Anger》라는 책이 《화》라는 제목으로 번역 출간됐다는 기사를 보고 곧바로 그 책을 주문했습니다. 너무 화가 나서 말입니다.

스님에게 숨겨둔 아들이 있다면······

책을 읽다가 문득 황당한 생각이 떠올랐습니다. '틱낫한 스님한테 숨겨놓은 아들이 한 명 있다. 그 아들도 고등학교 2학년인데 아침에 안 일어난다. 그럴 때 스님은 어떻게 아이를 깨울까? 나처럼 깨울까?'

아무래도 그렇지 않을 것 같았습니다. 내 방식과는 완전히 차원이 다른 방법으로 깨울 것 같았습니다. 그 순간 어쩌면 나한테 문제가 있을지도 모른다, 내가 그동안 써온 방법이 최선은 아니라는 생각이 들었습니다. 문제의 원인이 나한테 있다고 생각했으니 당연히 더 좋은 해결책을 찾아봤겠죠?

그래서 제가 마치 틱낫한 스님인 것처럼 생각해보면서 그 스님이 쓸 법한 방법을 한번 써보기로 했습니다. 이런 것을 심리학에서는 **as if 테크닉**('마치 ~인 것처럼' 기법)이라고 합니다.

as if 테크닉 아들러(A. Adler)가 개발한 상담 기법. 아들러는 사람들의 심리적인 문제는 사실(fact)이 아니라 허구(fiction)에 의해서 더 많은 영향을 받는다고 생각했다. 이 때문에 열등하지 않은 사람도 열등감을 느낄 수 있고, 열등한 사람도 열등감을 느끼지 않을 수 있다는 것이다. 그러므로 열등감에서 벗어나는 방법은 마치 다음 날 아침 아이 방에 들어가서 침대 끝에 앉았습니다. 스님처럼 합장을 하고, 제발 아이가 스스로 일어날 수 있도록 도와달라는 기도를 하고 난 다음 이불 속에서 아이의 발을 조심스럽게 끄집어냈습니다. 그리고 부드럽게 주무르기 시작했습니다. 누군가 자기 발을 정성껏 부드럽게 주무르고 있으니까 제 아이, 슬며시 실눈을 뜨고 지켜봤겠죠?

'아니, 아빠가 평소와는 다르게 저렇게 부처님처럼 평화로운 표정으로 내 발을 주무르고 있다니! 아, 유토피아가 따로 없구나! 정말 좋다! 더 푸~욱 자버리자!' 이랬을까요? 아니면 섬뜩한 느낌이 들었을까요?

제 아이는 후자였던 것 같습니다. "아빠, 왜 그러세요?" "우리 아들이 피곤할까 봐." "됐어요." 그래도 계속 주물렀습니다. "됐다니까요!" 그러면서 발을 빼기에 다시 발을 쭉 잡아당겨서 정성껏 주물렀죠.

"우리 아들이 피곤할까 봐." "아 참, 됐다니까." 마침내 일어났어요. 아, 이거구나. 다음 날에도 그렇게 아이 발을 끄집어내서 주물러주기 시작했어요. "아빠, 왜 그래요? 됐다니까." "아니, 우리 아들이 너무 피곤한 거 같아서." 그러면서 계속 주물렀어요. "아, 됐다고요!" 저는 일어나라는 말은 한마디도 하지 않았습니다. 5일 만에 아이는 백기를 들었습니다. "아빠, 이제 오지 마세요. 제가 알아서 일어날게요."

저는 그때 깨달았습니다. 문제의 원인을 내부에서 찾아야 해결책을 만들어낼 수 있다는 것을. 제 아이는 제가 출근시간과 소득과의 관계를 논한 논문을 들먹거리거나, 벤저민 프랭클린이 어쩌고저쩌고 했을 때 얼마나 짜증이 났을까요? 앞에서 말했듯이 옳은 말이 반드시 효과가 있는 것은 아닙니다.

지금 그 아들은 대학도 졸업하고 취업도 하고 결혼해서 아들도 있습니다. 얼마 전에 주말에 저희 집에 왔더라고요. 소파에 누워서 TV를 보고 있기에 제가 그 아이 발을 제 무릎에 올려놓고 주물러줬더니 며느리가 휴대폰으로 사진을 찍으면서 "아버님, 인증 샷을 찍어놔야겠어요. 나중에 ○○아빠도 ○○를 아버님처럼 주물러주겠죠?" 하더라고요. 저는 "물론 그러겠지"라고 대답했는데, 그 순간 정말 많은 생각이 머릿속을 스쳐지나갔습니다.

'나는 왜 어렸을 때 그렇게 벌떡벌떡 일어났을까? 나도 늦게까지 안 일어났더라면 아버지가 내 발을 주물러줬을지도 모르는데…… 그랬으면 아버지와 더 친밀한 부자지간으로 지냈을지도 모르는데……'

사실 제가 어렸을 때 부모님은 아침에 저를 깨운 적이 거의 없었습니다. 제가 스스로 일찍 일어났으니까요. 그리고 무슨 일이든 알아서 했기 때문에 자라면서 간섭을 받거나 혼난 적도 거의 없습니다. 대학에 다니고 대학원에 입학할 때도 그랬고, 결혼을 할 때도 그랬고 제 일은 제가 알아서 처리했습니다.

모든 문제는 의미의 씨앗을 내포하고 있다

그동안 저는 그것이 효도라고 생각했고 참 잘 살아왔다고 생각했습니다. 그런데 그 일이 있고 나서 그게 아닌 것 같다는 생각이 들었습니다. 사실 부모님은 돌아가실 때까지 저를 좀 어려워했습니다. 제 일은 제가 알아서 처리했기 때문입니다. 지금 생각해보니 자식이 무슨 일이든 다 알아서 하는 게 부모에게 꼭 효도하는 것은 아니라는 생각이 듭니다. 그런 점에서 저는 불효자인지도 모릅니다.

제 아들은 아침에 잘 안 일어났기 때문에 정성도 많이 쏟고, 다리도 주물러주면서 자연스럽게 스킨십도 하게 되었습니다. 그래서 어떤 부자지간보다 친밀한 사이가 될 수 있었습니다. 만약 제 아들도 저처럼 알아서 아침에 일찍 일어났다면 저는 죽을 때까지 아들의 발을 주물러줄 기회가 없었을지도 모릅니다. 그리고 지금처럼 아들하고 친밀하게 지내지도 못했겠죠?

또 이런 생각도 들었습니다. '늦게 일어나는 것이 꼭 나쁜 것만은 아니구나. 모든 상황은 의미의 씨앗을 내포하고 있으며 신이 사람들에게 선물을 줄 때는 문제라는 것으로 포장해서 줄 수도 있겠구나.'

어떤 면에서 제 아들은 저보다 더 효자인 셈입니다. 지나고 보니 큰아이는 저에게 소중한 선물을 해준 참으로 고마운 아들입니다. 이 아이가 없었더라면 《지금 시작해도 괜찮아》 같은 10대 자녀를 위한 책을 쓰지도 못했고, 이런 강의도 할 수 없었을 것입니다.

그래서 말씀드리는데요. 혹시 여러분도 자식 키우거나 사업을 하다가 이런저런 문제를 겪게 되면, 아무리 나쁜 일에도 반드시 거기에는 좋은 의미가 숨겨져 있다고 믿어보십시오. 그 일이 내

게 가르쳐주려고 하는 것은 무엇인지 자문해보십시오. 그리고
문제의 원인을 내부에서 찾아보면서 해결책의 범위를 넓혀보십
시오.

　문제가 생겼을 때 원인을 외부로 돌리지 않고, 자신에게서 찾
으면 지혜로운 해결책을 훨씬 더 많이 찾을 수 있습니다. 그리
고 이런 문제를 지혜롭게 해결하기만 하면 그런 문제가 없었을
때보다는 훨씬 더 좋은 결과를 만들어낼 수 있습니다.

Think & Action!

지금까지 문제의 원인이 외부에 있다고 생각해서

해결하지 못하고 있는 문제는 무엇인가?

이제 그 문제를 해결하기 위해

먼저 자신에게서 원인을 찾아보고

그 문제를 지혜롭게 해결할 것 같은

사람을 한 명 떠올려보자.

그 사람이라면 그 문제를 어떻게 해결할 것 같은가?

비효과적인 방법을
반복하지 않는다

당신이 단 하나의 생각을 가지고 있을 때가 가장 위험하다.
– 에밀 오귀스트 샤르티에

평생 열심히 일만 했는데도 가난에서 벗어나지 못하는 사람이 많습니다. 세 시간밖에 안 자면서 공부를 해도 성적이 오르지 않는 학생도 많습니다. 허구한 날 여자를 쫓아다니는데도 한 명도 사귀지 못하는 남자도 많습니다. 인간관계가 되었건 비즈니스가 되었건 성공한 사람과 실패한 사람에겐 두 번째 차이점이 있습니다. 실패한 사람은 비효과적인 방법을 반복한다는 것입니다. 반면에 성공한 사람은 다릅니다. 그들은 해결책의 범위가 넓습니다.

큰아이가 대학 1학년 때의 일입니다. 어느 날 학교에서 일찍 왔습니다. "오늘은 왜 이렇게 일찍 왔니?" "아, 정말 짜증나서." "왜?" "맘에 드는 여학생이 있어서 그동안 쭉 지켜보기만 하다가 오늘은 용기를 내서 갔어요." "그래서?" "제가 조용히 '저기요, 전화번호 좀 주시면 안 될까요?' 했더니 그 여학생이 다른 애들이 다 듣게 큰 소리로 '남자친구 있는데 왜 그러세요?' 하는 거예요. 그래서 애들이 웃고……. 너무 창피해서 수업도 빼먹고 일찍 왔어요."

그래서 제가 물었습니다. "너는 마음에 드는 여학생이 생기면 '저기요, 전화번호 좀 주실래요?' 그러니?" 그러니까 "네"라고 대답해요. "그렇다면 그 방법으로 성공한 적이 있니?" 그랬더니 "아니요"라고 해서 다시 물었습니다. "너는 왜 한 번도 성공하지 못한 그 방법을 반복하니?" "방법이 없잖아요." 그래서 얘기해줬습니다. "너는 앞으로 정말 험난한 삶을 살아야 할 것 같다."

"생각해봐라. 목수가 대패 하나만 가지고 집을 짓는 거 봤니? 집을 지으려면 연장이 많아야 될 거 아니니. 작업에 들어가려면 제대로 준비를 했어야지. 아인슈타인이 너를 봤더라면 이렇게 얘기했을 것이다." "뭐라고요?" 그래서 얘기해줬습니다.

"같은 방법을 반복하면서 다른 결과를 기대하는 사람은 정신병자다. 그러니까 아인슈타인의 말에 따르면 너는 정신병자야. 심리학자 아들이 정신병자가 되면 안 되겠지?" 그러면서 어떤 상황에서건 비효과적인 방법을 반복하는 것이 얼마나 치명적인 문제가 되는지 그리고 해결책의 범위를 넓히는 것이 얼마나 중요한지 알려주면서 이렇게 얘기해줬습니다.

아빠가 너에게 해주고 싶은 말은 이거야. 첫째, 연애를 하건 공부를 하건 또 나중에 사업을 하건 결혼해서 부부싸움을 하건 일단 문제가 발생하면, 모든 문제에는 반드시 답이 있다고 생각해라. 답이 없다면 그건 문제가 아니야. 둘째, 해결책은 하나가 아니라는 사실을 잊지 마라. 그러니 해결책의 범위를 넓혀라. 자연계에서도 해결책이 많은 개체는 해결책이 적은 개체보다 더 생존력이 강하다. 셋째, 해결책은 찾아낼 수 있다고 믿는 사람만 찾아낼 수 있다. 그러니 한계를 긋지 말고, 자신의 능력을 믿고 해결책을 끝까지 찾아라.

해결책의 범위를 넓히는 가장 좋은 방법은?

그런데 ○○야, 해결책의 범위를 넓히는 것, 인간관계가 되었건 비즈니스가 되었건 정말 중요한 일인데도 아무도 안 가르쳐주지? 사실 인생에서 정말 중요한 것은 교과서에도 없고, 학교에서도 안 가르쳐준다. 아빠는 그런 걸 학생들에게 가르쳐주려고 가끔 이런 숙제를 낸다.

"로미오와 줄리엣이 죽지 않고 문제를 해결하는 방법 20가지를 찾아내 토요일 밤 12시까지 메일로 보내시오." 또 이런 숙제도 낸다. "길을 지나다가 마음에 드는 이성을 만났을 때 그 사람의 전화번호와 이름을 얻는 방법 20가지 이상을 찾아 토요일 밤 12시까지 제출하시오." 그러면 많은 학생들이 재미있고 기상천외한 아이디어를 제출한다.

아무튼 아빠가 너에게 해주고 싶은 이야기는 이거야. 좋은 아이디어를 만들어내려면 많은 아이디어를 찾아야 하고, 많은 아이디어를 만들려면 **닻 내리기 기법**을 활용하라는 거야.

닻 내리기 기법 Anchoring Technique 아이디어를 생각해낼 때, 숫자를 정해놓고 그 숫자 이상의 아이디어를 찾는 방법. 정해진 숫자가 기준점이 되기 때문에 막연하게 많은 아이디어를 찾으려 할 때보다 훨씬 많은 아이디어를 낼 수 있다.

한번 생각해보십시오. 제가 숙제를 낼 때 "해결책을 20가지 이상 찾으시오"라고 했을 때와 "해결책을 가능한 한 많이 찾으시오"라고 했을 때 어느 쪽이 더 많은 아이디어를 제시할까요?

'20가지 이상'이라고 요구하면 평균 25가지 정도를 찾아냅니다. 하지만 '가능한 한 많이'라고 요구하면 평균 5가지 정도를 찾아냅니다. 논리적으로 똑같은 요구인데 왜 이렇게 차이가 나는 걸까요? 멘탈 셋(Mental Set)이 달라지기 때문입니다.

다시 말씀드리면, '20가지 이상'이라는 요구를 받으면 '아, 답이 20가지 이상 있다는 말이구나' 하고 20을 출발점으로 삼게 됩니다. 그 결과 평균 25가지의 아이디어를 찾아냅니다. 하지만 '가능한 한 많이'라고 하면 출발점이 0이 되기 때문에 평균 5가지 정도로 끝납니다. 이것을 저는 닻 내리기 기법이라고 합니다. 숫자를 명시해서 머릿속에 닻을 내려주면 그 숫자를 근거로 해서 답을 찾아내기 때문입니다.

TV, 왜 켰지? 대신 해야 할 다른 일은 뭐지?

딸이 초등학교 다닐 때였습니다. 아이는 학교에 갔다 오면 TV를 보느라 해야 할 일을 못했습니다. 좋은 말로 타이르기도 하고 야단을 치기도 했지만 달라지기는커녕 사이만 나빠졌습니다. 지금까지 시도하지 않았던 몇 가지 방법을 찾아봤습니다. 그중 한 가지로 하루는 TV 상단 중앙에 이렇게 적은 메모지 한 장을 붙였습니다.

Stop & Think!

① Why? 왜 켰지?

② What? 대신 해야 할 다른 일은 뭐지?

며칠 후 딸이 말했습니다. "아빠, 저 메모지 좀 떼면 안 돼요?" 그래서 이유를 물었더니, "저게 있으니까 자꾸 신경이 쓰인단 말이에요"라고 했습니다. 그래서 설명해줬습니다.

"○○아, 사실은 아빠도 TV를 너무 많이 보는데 그 이유를 가만 생각해보니까 아무 생각 없이 그냥 보기 때문인 것 같았어. 그래서 그런 메모지를 붙인 거야. TV를 보지 말자는 게 아니라 TV를 켤 때 그걸 봐야 하는 이유를 생각해보자는 거지. 그보다 더 중요한 일은 없는지 생각해보면 TV 보는 시간을 줄일 수 있고, TV를 보더라도 더 많은 것을 얻어낼 수 있지 않을까?" 이렇게 말하면서 무심코 하는 행동들이 갖는 문제점에 대해 설명해줬습니다. 그 후 우리 부녀는 조금씩 TV 중독에서 벗어날 수 있었습니다.

성과가 오르지 않을 때 보통 사람들이 흔히 선택하는 길이 있습니다. 지금까지 해왔던 방법을 반복하는 것입니다. 더 열심히 하거나 점점 더 강도를 높이는 것입니다. 아이들을 키울 때도 마찬가지입니다. 아이가 숙제부터 하고 놀았으면 좋겠는데 TV를 보거나 스마트폰을 갖고 노느라 숙제를 못한다면 여러분은 어떻게 하시나요?

처음에는 부드럽게 얘기하겠죠? "내일부터는 숙제부터 해라." 다음 날 또 스마트폰을 가지고 놀고 있다면 약간 강도가 높아지겠죠? "내가 분명히 숙제부터 하라고 했지? 빨리 안 꺼?" 그 다음 날에도 스마트폰으로 게임을 하고 있다, 그러면 더욱더 강도가 높아지겠죠? "도대체 엄마 말이 말 같지 않니? 빨리 안 꺼? 휴대폰을 콱 부숴버린다!"

그러면서 우리는 아이들과 점점 멀어집니다. 부모는 진땀을 빼면서 자식을 위해 애를 썼지만 얻는 것은 없고 아이와 사이만 나빠집니다. 정말 슬픈 일이 아닐 수 없습니다. 하지만 지혜로운 엄마는 다르겠죠? 비효과적인 방법을 반복하는 것이 아니라 새로운 해결책을 찾아보겠죠? 예를 들면 이렇게 말입니다.

아, 어린아이도 지시나 명령을 하면 자유의지가 훼손당했다고 생각해서 반발하는구나. 아이 스스로 숙제부터 하겠다고 선언하게 만들 수는 없을까? 맞아. 지시나 명령 대신 질문을 해서 스스로 숙제부터 하겠다고 말하도록 해보면 어떨까?

어느 날 밖에서 돌아오니 아이가 또 TV만 보고 있습니다. 그래서 "또 숙제 안 하고 TV만 보고 있네!" "그래. 오늘은 이왕 틀었으니까 그 프로그램 끝날 때까지만 재미있게 봐라." 이 말에 아이의 겁먹은 표정이 펴지겠죠?

그런 다음 이렇게 말해보는 겁니다. "다빈아, 우리 다빈이는 내일 학교 갔다 오면 TV부터 봐야 할까? 아니면 숙제부터 해야 할까?" 그럴 때 이렇게 말하는 아이가 있을까요?

"엄마, 저는요 뉴턴의 운동 제1법칙인 관성의 법칙에 따라서 내일도 학교 갔다 오면 반드시 TV부터 볼 거예요!" 정신적으로 문제가 없는 한 이런 대답을 하지는 않겠죠? 우리의 영악한 아이들은 내일 또 TV를 본다고 할지라도 엄마 앞에서는 이렇게 대답하지 않을까요? "엄마, 내일은 학교 갔다 오면 꼭 숙제부터 할게요."

다음 날 아이는 어느 쪽을 선택할까요? 숙제부터 할 가능성이 높습니다. 엄마가 없는 경우에도 말입니다. 왜냐고요? 여기에도 심리학적인 근거가 있습니다.

바로 **자기일관성의 원리**Self-Consistency Principle 때문입니다. 한

번 생각해보십시오. 엄마가 날마다 '숙제부터 해!', '숙제부터 하라니까!', '제발 숙제부터 해!' 이렇게 반복한다면 아이들은 어떤 생각이 들까요? '그건 엄마 생각이고!' 이러지 않을까요?

그렇지만 엄마의 질문에 얼떨결에 이렇게 대답을 했습니다. "엄마, 내일은 학교 갔다 오면 숙제부터 할게요." 그랬다면? 이런 생각이 들 가능성이 높겠죠? '이건 내 생각이고!' 사람은 아무도 없을 때 누구의 생각을 따를까요? 당연히 자기 생각을 따릅니다. 이게 자기일관성의 원리입니다.

지금 해줄 거야? 밥 먹고 해줄 거야?

남편에게 설거지나 집안일을 부탁하는 경우도 마찬가지 아닐까요? 실패한 사람들은 비효과적인 방법을 반복한다고 말씀드렸죠? 지금까지 해오던 방법을 점점 더 강도 높여서 한다고 말씀드렸죠? 남편이 설거지를 해줬으면 좋겠다, 이런 생각이 들 때 실패하는 아내는 어떻게 말할까요?

처음에는 부드럽게 나옵니다. "여보, 설거지 좀 해줘." 남편이 "알았어. 해줄게" 이렇게 끝나면 좋겠지만 "싫어" 한다면 강도가 약간 세지겠죠? "설거지 좀 해달라고!" "싫다고 했잖아!" 그럼 강도가 더 세지겠죠? "맞벌이인데 왜 당신은 안 하냐고!" "내가 분명히 싫다고 말했잖아." 그러면 더욱더 강도가 세지겠죠? "돈도 못 버는 주제에 남자라고 왜 손 하나 까딱 안 하냐고!" 그러다 결국 이혼하겠죠?

정말 슬픈 일입니다. 그러나 지혜로운 아내는 다르겠죠? '아, 남자들은 자존심 때문에 아내가 지시나 명령을 하면 강력하게 반발하는구나. 그러니 스스로 선택할 수 있도록 제안을 해봐야겠다.' "여보, 당신도 피곤하겠지만 내가 오늘 너무 피곤해서 설거지 좀 도와줬으면 좋겠는데, 설거지 좀 해줄 거지?" 그러면 대부분의 남편은 "그래, 알았어" 하고 대답합니다.

그래도 싫다는 남편이 분명히 있습니다. 그럴 때는 해결책의 범위를 더 넓혀야겠죠? "여보, 오늘 내가 너무 피곤해서 당신이 설거지 좀 해줬으면 좋겠는데. 음, 지금 해줄 거예요? 아니면 이따 저녁 먹고 해줄 거예요?" 그러면 단순한 남편은 당연히 지금 하는 것보다 나중에 하는 걸 선택하겠죠? "이따 저녁 먹고 해줄게!" 이미 함정에 빠진 것입니다.

아내의 질문에는 무엇을 선택하든 설거지를 하겠다는 전제가 깔려 있기 때문입니다. 여러분, 이 세 가지 접근법 사이에 존재하는 미묘한 차이를 찾아냈나요? 여기에는 질문하는 방법에 따라 답이 정해지는 심리학적 원리가 숨어 있습니다.

첫째, 지시나 명령입니다. 이건 심리적 반발 때문에 실패할 가능성이 매우 높습니다. 두 번째, 질문입니다. "설거지해줄 거지?" 이 질문은 예스(yes) or 노(no)를 묻는 질문입니다. 질문에 이미 no가 포함되어 있으므로 거절당할 가능성이 높습니다. 세 번째도 질문이지만 조금 다르죠? "지금 해줄 거야? 아니면 있다가 저녁 먹고 해줄 거야?" A 아니면 B를 묻는 질문입니다. 질문에 어느 쪽이든 해준다는 전제가 깔려 있기 때문에 빠져나가기 어렵겠죠? 이런 방법을 심리학에서는 **이중속박 기법**Double Bind Technique이라고 합니다.

아이들이 게임만 합니까? 직원들이 자주 지각합니까? 그렇다면 닻 내리기 기법과 이중속박 기법을 활용해서 해결책을 넓혀보십시오. 시도해보면 재미있습니다. 예상치 못한 아이디어가 떠오를 수도 있습니다. 한 가지 문제를 효과적으로 해결하게 되면 다른 문제도 훨씬 쉽게 해결할 수 있습니다.

| Think & Action! |

기발한 아이디어를 내는 가장 좋은 방법은

많은 아이디어를 내는 것이다.

자녀와의 관계에서 해결하고 싶은 문제는 무엇인가?

닻 내리기 기법을 활용해

해결책을 10가지 이상 찾아보자.

~~~~~~~~~~~~~~~

~~~~~~~~~~~~~~~

~~~~~~~~~~~~~~~

~~~~~~~~~~~~~~~

~~~~~~~~~~~~~~~

~~~~~~~~~~~~~~~

~~~~~~~~~~~~~~~

~~~~~~~~~~~~~~~

~~~~~~~~~~~~~~~

자식은 우리 곁에
잠시 머무는 손님이다

우리 시대의 가장 위대한 발견은 인간이 자신의 태도를 변화시킴으로써
삶을 변화시킬 수 있다는 것이다.
— 윌리엄 제임스

앞서 말씀드린 '마치 ~인 것처럼' 생각해보는 'as if 테크닉'은 여러 가지 영역에서 해결책의 범위를 넓히기 위해 활용할 수 있는 멋진 방법입니다. 앞에서도 잠깐 설명했지만 사람의 행동은 사실(fact)보다 허구(fiction), 즉 믿음에 의해 더 영향을 받습니다.

예를 들면 신이 존재하는지 그 사실 여부보다 그에 대한 믿음이 훨씬 더 중요합니다. 왜냐하면 신이 없다고 믿는 사람은 '마치 신이 없는 것처럼' 행동하고, 신이 있다고 믿는 사람은 '마치 신이 있는 것처럼' 행동하기 때문입니다.

그러므로 우리의 행동과 감정을 변화시킬 수 있는 가장 효과적인 방법 중 하나는 '마치 ~인 것처럼' 생각해보는 것입니다.

지금은 큰아이가 결혼을 해서 아이도 하나 두고 있습니다. 가끔 주말에 집에 와도 밥 먹고 한두 시간만 지나면 거의 어김없이 "이제 가야겠네요" 하면서 서둘러 가버립니다. 뭐 그런 말이 있기는 합니다. "오니까 반가운데, 가니까 더 반갑다"는 광고 카피 들어본 적 있으시죠? 하지만 막상 그렇게 가버리면 속으로는 은근히 섭섭합니다.

'어렸을 때는 아빠만 졸졸 따라다니더니 어느새 가장이 되어 자기 집에 갈 생각만 하는구나. 아들은 장가들면 식구가 아니라는 말이 맞나 보다.' 우리 부부는 며느리를 많이 배려하는 편인데도, '혹시 며느리가 불편해서 아들에게 빨리 가자고 했나?' 이런 생각도 들고요. 며느리가 이 말을 들으면 자기는 전혀 아니라고 하면서 섭섭해할 수도 있겠네요.

그런데 어느 날 문득 이런 생각이 들었습니다. '만약 결혼한 아들이 날마다 내 집에 와서 자기 집에 갈 생각을 하지 않고, 우리 곁에만 있으려고 한다면?' 그건 아니었습니다. 결혼해서 가정을 꾸렸다면 당연히 자기 집이 편해야 합니다. 그것이 결혼생

활을 잘하고 있다는 증거니까요. 자식은 어른이 되어 사회로 나
갈 때까지 우리 곁에 잠시 머무는 손님입니다. 그리고 손님이어
야 합니다. 길어야 20~30년 머무는 귀한 손님 말입니다. 아이들
이 잠시 우리에게 의탁하러 온 손님이라고 생각하면 여러 가지
가 달라질 수 있습니다.

물론 항상 그렇게 생각할 수도 없고, 그렇게 생각하는 것이
그리 쉬운 일은 아닙니다. 하지만 자식을 붙박이처럼 항상 곁에
있는 존재라고 생각하지 않고 우리 곁에 잠시 머무는 손님, 그
래서 조만간 우리를 떠나야 할 손님이라고 생각하면 자식의 마
음을 더 살피게 됩니다. 조금이라도 더 정성을 기울이게 됩니다.
좋은 점을 찾아내려 애쓰게 되고, 헤어질 때를 떠올리면서 함께
있는 시간을 더 소중하게 여기게 됩니다.

여러분의 아이가 비싼 그릇을 떨어뜨려 깬다거나 소중한 물
건을 고장 냈다면 어떻게 반응하시나요? "이게 얼마나 비싼 건
데…… 제발~~ 조심 좀 해라!!" 눈을 부릅뜨고 인상 쓰면서 소
리를 지를 수도 있겠죠?

하지만 만약 귀한 손님의 아이가 그랬다면? 반응이 달라지겠
죠? 미소를 지으며 부드러운 목소리로 이렇게 말하지 않을까

요? "다치지는 않았니? 괜찮아. 너무 걱정하지 마." 또는 따뜻한 손길로 아이의 머리를 쓰다듬으면서 이렇게 말할 수도 있겠죠? "이참에 더 좋은 그릇을 살 수 있겠네. 그러니 아무 걱정하지 마."

여러분의 아이가 성적이 엉망인 성적표를 받아왔다면 어떤 반응을 보일까요? 그리고 손님이 데리고 온 자녀의 성적이 엉망이라고 말한다면 그 아이와 그의 부모에게 어떤 눈빛, 어떤 표정, 어떤 목소리로 어떤 말을 하게 될까요? 아이가 준비물을 깜박 잊고 학교에 갔다면? 가방을 잃어버렸다면? 아이의 행동이 못마땅할 때 잠깐 멈추고, 이 아이는 잠깐 우리 집에 들른 귀한 손님이다, 'as if 손님'이라 생각하면 훨씬 더 지혜롭게 대할 수 있지 않을까요?

손님을 가족처럼? 가족을 손님처럼!

한때 접객업소나 택시에 '손님을 가족처럼'이라고 쓴 글을 흔히 볼 수 있었습니다. '고객을 가족처럼!'이라는 캐치프레이즈를 내건 기업도 많았습니다. 고객에게 친절한 서비스를 제공하겠다는 다짐을 표현한 이 말에는 고객을 가족처럼 대하는 것이 최상의 친절이라는 생각이 깔려 있는 것이지요.

다시 말하면 그 어떤 사람을 대할 때보다 가족을 대할 때 따뜻하고 정중하게 친절을 베풀 것이라는 가정이 깔려 있기 때문에 '손님을 가족처럼' 대하겠다고 약속한 것입니다.

그런데 여러분은 가족에게 따뜻하고 정중하게 최상의 친절을 베풀고 계시나요? 오히려 가족이기 때문에 이해해줄 거라 믿고 여과 없이 내키는 대로 말하거나 함부로 행동하지는 않나요?

사실 상담을 하다 보면 친절은 남에게 베푸는 것이지 가까운 사람에게는 해당 사항이 아니라고 생각하는 사람이 의외로 많습니다. 밖에서 다른 사람을 대할 때는 그지없이 친절하면서도 정작 가족에게는 퉁명스럽게 대하는 사람도 많습니다.

손님이 맛있는 쿠키를 사들고 찾아왔습니다. 그때 여러분은 반색을 하면서 고맙다고 할 것입니다. 그런데 아내가 맛있는 저녁을 준비했을 때는 어떤 반응을 보이나요? 남이 어쩌다 한 번 베푼 작은 친절에는 반색을 하며 고맙다고 인사하지만 정작 누구보다 감사해야 할 가족에게는 그렇지 못한 경우가 많습니다.

당연하다고 여기기 때문입니다. 가족은 내가 무슨 말을 하고 어떻게 행동하건 모두 이해해줄 것이라고 생각하기 때문입니다.

어떻게 대하든 가족은 붙박이처럼 늘 그 자리에 있을 것이라 생각하기 때문입니다.

가족을 대하는 태도를 바꾸는 가장 좋은 방법은 가끔 '가족을 손님처럼' 바라보는 것입니다. 한 번 떠나면 다시는 못 만날 손님처럼 바라보면 모든 것이 다르게 느껴집니다.

테레사 수녀님이 이런 딸을 두었다면?

'as if 테크닉'은 이럴 때도 유용하게 활용할 수 있습니다. 운전을 하는데 갑자기 어떤 차가 끼어들어 사고가 날 뻔했습니다. 이때 여러분은 어떻게 반응할까요? 당연히 화가 나고 욕이 튀어나오려고 하겠죠?

저는 그럴 때 속으로 '잠깐!' 하면서 이런 생각을 해봅니다. 만약 법정스님이 이 운전대를 잡고 있다면? 김수환 추기경이라면? 제가 아니라 마치 그분들이 운전을 한다고 생각하면 그 순간 표정과 태도가 달라집니다.

그분들은 저처럼 흥분하거나 화를 내지 않으실 겁니다. 틀림없이 이러시지 않았을까요? '아이고, 아주 급한 일이 있는 모양인데 조심해서 운전하십시오.' '무슨 일인지 모르겠지만 많이 바쁜가 보군요. 먼저 가십시오!' 이런 생각을 하다 보면 어느새 상황은 종료됩니다.

자녀와 문제가 생겼을 때도 '도대체 답이 없다', '어떻게 해야 할지 모르겠다', 이런 생각이 들 때는 'as if 테크닉'을 활용해보십시오. '만약 테레사 수녀님이 이런 딸을 두었다면 어떻게 할까?' '마하트마 간디가 이런 아들을 두었다면?' 이렇게 생각하다 보면 지금까지 전혀 상상해보지 못한 해결책을 찾아낼 수도 있습니다.

여러분도 힘겨운 일이 닥칠 때마다 그 일을 지혜롭게 해결했을 법한 사람, 즉 법정스님, 김수환 추기경, 간디, 테레사 수녀님, 또는 여러분 주변의 지혜로운 어른을 떠올려보십시오. 그리고 이렇게 자신에게 물어보십시오. '이 상황에서 그분이라면 어떻게 말하고 행동할까?' 그리고 마치 그 사람인 것처럼 말하고 행동해보십시오. 단지 그 사람이라면 했을 법한 말과 행동을 상상하는 것만으로도 우리의 자세가 달라질 수 있습니다.

가족을 대하는 태도를 바꾸는

가장 효과적인 방법 중 하나는

가족을 마치 손님인 것처럼 생각해보는 것이다.

내 자식이라고 생각해 함부로 대했던 일을 떠올려보자.

잠시 머물 귀한 손님이라면

어떻게 대할 것 같은가?

~~~~~~~~~~~~~~~~~~~~~~~~~~~

~~~~~~~~~~~~~~~~~~~~~~~~~~~

~~~~~~~~~~~~~~~~~~~~~~~~~~~

~~~~~~~~~~~~~~~~~~~~~~~~~~~

~~~~~~~~~~~~~~~~~~~~~~~~~~~

~~~~~~~~~~~~~~~~~~~~~~~~~~~

~~~~~~~~~~~~~~~~~~~~~~~~~~~

~~~~~~~~~~~~~~~~~~~~~~~~~~~

작은 일을 추가해서
기대치를 위반한다

해야 할 일을 다 하고 난 후에 하는 일이 삶에서 성공을 결정한다.
―브라이언 트레이시

    성공한 사람과 실패한 사람의 세 번째 차이점입니다. 끌리는 사람과 꺼려지는 사람, 선택하는 길이 다르죠? 자녀가 믿고 따르는 부모, 시간이 흘러도 만나고 싶은 선생님, 직원들로부터 존경받는 CEO, 그리고 정말 좋은 곳에 추천해주고 싶은 학생…… 이들을 유심히 관찰하면 한 가지 공통점이 있습니다. 아주 작은 일을 할 때도 선택하는 길이 다르다는 점입니다.

    저는 책을 쓰는 사람이기 때문에 가끔 학생들에게 교정을 부탁합니다. "이번에 새로 책을 내게 됐는데 교정 좀 봐줄 수 있을까?" 그러면 학생들은 대개 흔쾌히 그러겠다고 합니다. 저는 대학원생이라면 교정을 볼 수 있을 거라고 기대하니까 부탁했겠죠? 그런데 나중에 교정지를 받아보면 학생들은 세 부류로 분류됩니다. 첫 번째 부류, 기대 미달. 아, 대학원생인데 맞춤법도 제대로 모르는구나. 그러면 저는 실망하겠죠? 1%의 극소수 학생이 여기에 해당합니다.

두 번째 부류, 기대를 충족시키는 학생들입니다. 98%의 학생이 여기에 해당합니다. "교정 보느라 고생 많았지? 정말 고마워." 저는 만족하겠죠? 그런데 이 부류의 학생들에겐 한 가지 한계가 있습니다. 교정을 부탁할 때 교정만 본다는 것입니다. 우리가 주목해야 할 부류는 세 번째 부류겠죠?

1%의 극소수 학생들, 그들은 아주 작은 것으로 제 기대를 위반합니다. 저는 이 부류를 변종 또는 돌연변이라고 합니다. 이 부류의 학생들은 두 번째 부류처럼 제 기대를 충족시킵니다. 그리고 '1% 엑스트라 서비스', 즉 아주 작은 것을 추가로 제공합니다. 실제로 있었던 일을 소개하겠습니다.

"교수님, 교정을 다 봤는데, 오늘 아침에 난 이 기사를 추가하면 좋겠습니다." 뭘까 하고 봤더니 교정지에 노란 포스트잇 한 장이 붙어 있었습니다. '○○텔레콤' 통신회사 이름 다섯 글자가 쓰여 있기에 "이게 뭐니?" 하고 물었습니다. "어떤 사람이 휴대폰을 50만 원 주고 샀는데 마음에 안 들어서 환불을 요구했어요. 그런데 거절당했대요. 다시 요구했는데 또 거절당했대요. 무려 여덟 번이나 거절을 당했대요."

"이 사람은 화가 머리끝까지 치솟아서 친구의 벤츠를 몰고 통신회사 본사 회전문을 들이받았대요. 벤츠 가격이 2억 원인데 수리비 견적이 4천만 원이나 나왔대요. 그리고 회전문을 교체하는 데 1억이 든대요. 50만 원 때문에 지금 1억 4천만 원을 물어주게 되었는데, 교수님이 원고에다 이렇게 쓰셨잖아요. '순간을 참지 못하면 막대한 재앙이 따른다.' 여기에 이 사례를 넣어주면 독자들이 '정말 조심해야 되겠구나' 하고 생각하지 않을까요?"

저는 이 학생의 이야기를 들으면서 정말 감동했습니다. 왜 감동했을까요? 거창한 것이 아니라 의무적으로 할 일을 다 한 다음에 제가 예상하지 못했던 것, 기대를 위반한 아주 작은 것, 1% 엑스트라 서비스를 추가로 제공했기 때문입니다.

여러분이 교수인데 좋은 회사에서 추천 의뢰가 들어왔다면 어떤 학생을 추천하겠습니까? 당연히 세 번째 부류인 돌연변이를 추천하겠죠? 왜요? 돌연변이들이 자연을 진화시킨다는 사실을 잘 알고 있기 때문입니다. 돌연변이가 되어 제 원고를 진화시킨 학생이라면, 입사해서도 그 회사를 진화시킬 테니까요.

사람은 어디서 누구와 무엇을 하든지 항상 세 부류로 정리가 됩니다. 그러니 가끔 하던 일을 멈추고 우리 자신에게 질문해봐야겠죠? 나는 자녀와 배우자에게, 고객에게, 친구에게 어떤 부류에 해당하는가? 첫째, 상대방의 기대에 미달해서 실망시키는 부류. 둘째, 의무적으로 해야 할 일만 해서 기대를 충족시키는 부류. 셋째, 의무적으로 해야 할 일을 다 하고 난 다음 추가로 아주 작은 것을 제공해서 감동을 주는 부류.

많은 회사에서 직원들에게 고객만족을 넘어서 고객감동을 주지 않으면 생존하는 것이 어렵다며 고객에 대한 감동적인 서비스를 강조합니다. 하지만 직원들의 피부에는 잘 와 닿지 않습니다. 왜냐하면 직원들은 속으로 이런 생각을 할 테니까요. '고객만족과 고객감동이 뭐가 다르냐고…….' 그런데 심리학적으로는 이 문제를 깔끔하게 정리할 수 있습니다.

'상대방의 기대치를 추측한다. 그리고 기대치를 충족시킨다.' 그러면 그것이 바로 고객만족이죠. 하지만 '상대방의 기대치를 충족시킨 다음 상대방이 기대하지 못한 아주 작은 것을 추가해서 고객의 기대치를 위반한다.' 그러면 그것이 바로 고객감동입니다. 이것을 심리학에서는 **기대치 위반 이론**Expectancy Violation Theory이라고 합니다.

소설이든 영화든 감동을 주는 작품에는 공통점이 있습니다. 독자나 관객의 예상을 깬다는 것입니다. 그러니까 누군가를 감동시키는 것은 의외로 쉬울 수 있습니다. 상대방의 기대치를 위반해서 예상을 깨는 것입니다. 상대방을 놀라게 하는 것입니다.

그래서 저는 아이들이나 학생들에게 늘 강조합니다. "인생의 성패는 의무적으로 해야 할 일을 다 하고, 추가로 아주 작은 것을 제공해서 상대를 감동시킬 수 있는지 여부에 의해서 결정된다. 이걸 나는 **의무 초월의 원리**라고 말한다. 따라서 행복하고 성공한 삶을 살고 싶다면 누군가를 감동시키는 연습이 필요하다."

큰아이가 대학 4학년이던 어느 날, "아빠, 교수님이 저녁 사주신대요. 밥 먹고 올게요"라고 해서 제가 이렇게 말했습니다. 잠깐만, 너 교수님께서 사주신 저녁을 먹고 난 다음 그냥 이렇게 말할 거지? "교수님 저녁 잘 먹었습니다. 감사합니다." 그냥 이렇게 끝내면 안 되겠지? 아빠도 종종 학생들에게 저녁을 사주는데, 그럴 때 학생들은 세 부류가 있더라.

교수님이 바쁜데 일부러 시간과 돈을 써가면서 학생들에게 저녁을 사준다. 그럴 때는 학생들에게 뭔가 기대하는 게 있지 않겠니? 하다못해 "교수님, 저녁 정말 잘 먹었습니다. 덕분에 오늘 영양 보충했으니까 공부 열심히 할게요." 이런 인사말이라도 듣고 싶지 않겠어?

그런데 첫 번째 부류, 극소수는 인사도 안 해. 이 학생들은 속으로 이런 생각을 할지도 모르지. '나는 등록금 내잖아.' 아빠는 이런 학생들을 보면 안타까운 마음이 든다. 두 번째 부류인 대다수의 학생들은 밥을 먹고 난 다음 하나같이 "교수님, 저녁 잘 먹었습니다. 감사합니다" 하고 인사하지. 그들은 감사 인사를 한 것만으로 할 일을 다 했다고 생각하겠지? 그런데 너는 거기서 끝내면 안 되겠지?

그건 어려운 일이 아니야. 의무적으로 해야 할 일을 다 하고 난 다음에, 정말 아주 작은 걸 찾아서 추가로 제공하면 돼. 찾아보면 101가지도 넘을 거야. 예를 들면 "어, 교수님, 이거 교수님 신발이죠?" 하며 신발이라도 꺼내드려 봐. 그럼 너는 그 순간 특별한 학생이 된다. 왜? 누구나 할 수 있지만 아무도 하지 않은 작은 일을 추가했기 때문이야.

이런 행동을 교수한테만 하는 것이 아니라 선배나 후배에게도, 이웃에게도 실천해봐. 아빠는 어디서건 해야 할 일을 다 하고 작은 걸 추가로 제공해서 상대방을 감동시킬 수만 있다면, 네가 무슨 일을 하든지 성공할 수 있다고 생각해. 모든 사람이 능력이 다르기 때문에 항상 1% 안에 들기는 어려워. 하지만 1% 다르게 행동하는 것은 어렵지 않아. 그리고 이게 쌓이다 보면 분명히 언젠가 1% 안에 들 수 있을 거야.

나는 무엇으로 기대치를 위반하는가?

아이에게 이런 얘기를 해주려면, 기대치 위반의 원리가 얼마나 막강한지를 가르쳐주려면, 우리도 연습을 해야겠죠? 그런데 어떻게 연습해야 할지 좀 막막할 수도 있습니다. 그렇다면 제가 연습한 사례를 말씀드리면 도움이 될지 모르겠습니다.

딸이 고등학교 3학년 때, 아내가 미국에 한 달 정도 머물다 온 적이 있습니다. 엄마가 없으니까 당연히 제가 아이 밥도 해주고 학교에도 태워다주고 그래야 되겠죠? 왜냐? 고3 수험생 아빠니까요. 어느 날 딸이 저녁 늦게 학원에서 오더니, "아빠, 죄송하지만 저 교복 좀 빨아주시면 안 될까요?" 하는 겁니다. 자기는 수험생이니까 아빠가 교복을 빨아줄 거라 기대해서 그런 부탁을 했겠죠? 아무튼 그 순간 저는 세 부류 아빠 중 한 부류로 정리될 것입니다.

첫 번째 부류, 기대 미달로 실망시킬 수도 있겠죠. "너는 손 없니? 네가 빨아!" 그러면 딸은 당연히 실망할 것입니다. "알았어요. 제가 빨게요." 하지만 이걸 선택하면 될까요? 안 될까요? 당연히 안 되겠죠? 왜냐? 모든 사람들의 머릿속에는 정신적 회계장부(Mental Accounting)가 있기 때문입니다.

제가 그렇게 말하는 순간 제 행동은 딸의 정신적 회계장부에 즉시 기록되겠죠? 2009년 ○월○일, 아빠 마이너스 3점. 그리고 인간의 본능은 절대로 적자로 마감하고 싶어하지 않으므로 딸은 언젠가 이 적자를 털어내게 되겠죠. 아마 제가 70, 80세쯤 됐을 때, "○○아, 아빠 양말 좀 빨아줄래?"라고 하면 그때 적자를 털어낼 가능성이 높습니다. "아빠는 손 없어요? 아빠가 빨아요!" 정말 슬픈 일이죠?

두 번째 부류, "교복 가져와. 아빠가 빨아줄게." 98%의 아빠들은 여기에 해당하겠죠? 아이는 "감사합니다. 아빠!" 이렇게 반응하겠죠? 하지만 저는 '여기서 끝나면 왠지 좀 섭섭한데…… 아주 작은 걸로 우리 아이를 감동시킬 수 있는 방법은 없을까?'

하고 생각했습니다. 제가 실행한 방법은 정말 간단합니다. 메모지 한 장을 써서 교복 주머니에 넣어두었습니다.

"○○아, 제발 좀 쉬어가면서 공부해라." 오후에 문자가 왔습니다. "Don't worry! 계속 쉬고 있음!" 정말 감동이었습니다. 그런데 제가 왜 감동이라고 말씀드렸을까요. 저녁 시간에, 다른 날 같으면 파김치가 되어 인사도 하는 둥 마는 둥 자기 방으로 들어갈 때가 많은데, 그날은 생글생글 웃으면서 이렇게 말하더라고요. "아빠, 그 메모 덕분에 친구들하고 쉬는 시간에 재밌었어. 친구들이 너희 아빠 뭐하는 사람이니? 그래서 우리 아빠 심리학과 교수야, 그랬더니 우와! 좋겠다, 하면서 다들 부러워했어요. 쌩유!"

제가 한 행동, 사실 아무것도 아니죠? 아주 작은 것입니다. 누군가를 감동시키는 방법이 꼭 거창할 필요는 없습니다. 기대치를 위반하기만 하면 아주 작은 일로도 얼마든지 상대방을 감동시킬 수 있습니다.

저는 지금까지 아이들이 용돈을 달라고 할 때 깎아본 적이 거의 없습니다. 항상은 아니지만, 거의 대부분 아이들이 요청하는 금액보다 조금 더 얹어서 줍니다. 거기에는 몇 가지 이유가 있습니다. 첫째, 그러면 아이들이 용돈을 받기 위해 거짓말을 할 필요가 없기 때문입니다. 둘째, 기대치를 위반해서 용돈을 더 많이 받게 되면 자기를 믿어주고 감동을 주는 부모를 실망시키기는 어려울 것이라 믿기 때문입니다.

아무튼 제 아이들은 지금까지 돈 때문에 저를 실망시킨 적이 한 번도 없습니다. 돈 때문에 거짓말을 한 적도 없고, 돈을 함부로 낭비하지도 않습니다. 오히려 다른 아이들보다 더 검소하고 더 저축을 많이 하는 편입니다.

얼마 전에는 이런 일도 있었습니다. 저녁에 약속이 있어 집을 나서면서 호주머니를 뒤져보니 현금이 하나도 없기에 딸에게 부탁했습니다. "혹시 돈 있으면 아빠한테 3만 원만 빌려줄래? 저녁에 택시를 타야 할지도 몰라서." 그랬더니 딸이 만 원짜리 지폐 5장을 건네주는 것입니다. "3만 원이라고 했는데?" 그랬더니 "아빠도 항상 제가 요구하는 것보다 더 많이 주시잖아요" 하는 겁니다.

기대치 위반으로 감동을 주는 것, 아주 작은 행동, 예를 들면 배우자나 자녀에게 전혀 예상하지 못한 문자를 보내거나 이웃 주민에게 내가 먼저 반갑게 인사하는 걸로도 얼마든지 가능합니다. 하지만 연습이 필요합니다. 로버트 프로스트의 〈가지 않은 길〉이라는 시 아시죠? 그 시, 꽤 긴데 뒷부분이 이렇게 마무리됩니다.

숲 속에, 길이 두 갈래로 갈라졌다.
나는 인적이 드문 길을 선택했다.
그로 인해 내 모든 것이 달라졌다.

아이가 학교를 빠지고 PC방에 갔습니다. 남편이 연락도 없이 술에 취해 밤늦게 들어왔습니다. 시어머니가 전화도 안 한다고 야단을 치십니다. 이럴 때 대부분의 사람들은 어떤 길을 선택할까요? 그런 상황에서 나는 인적이 드문 길, 남들이 가지 않는 길을 어떻게 선택해야 할까요?

어디서 누구와 무엇을 하건 매번 주변 사람들을 만족시키고 감동시키기는 어렵습니다. 하지만 가끔 상대방의 기대를 위반해서 그를 감동시킬 수 있는 작은 일은 무엇인지, 찾으려고만 하면 얼마든지 찾을 수 있겠죠?

나는 사람들에게 어떤 흔적을 남기는가

저는 아이들이 어렸을 적에 꽤 오랫동안 미국의 유치원생이 쓴 참 유치한 시를 제 연구실 책상 앞에 붙여놨습니다. 그리고 가끔씩 이 시를 읽으면서 자신에게 질문했습니다. '나는 아이들에게 어떤 존재이기를 바라는가?' 그렇다면 '어떻게 해야만 하는가?'

엄마는 나를 사랑하니까 좋다.
바둑이는 나와 놀아주니까 좋다.
냉장고는 먹을 것이 많이 있으니까 좋다.
그런데 우리 아빠는

마지막 문장은 어떻게 끝날까요? "우리 집에 왜 있는지 모르겠다." 실제로 상담을 하거나 여러 가지 조사 결과를 보면 많은 청소년들이 아버지가 집에 있는 것을 부담스러워합니다. 정말 문제 아닌가요? 그런데 더 큰 문제는 아버지들이 이 사실을 잘 모른다는 겁니다.

우리는 같은 공간에서 숨을 쉬는 것만으로도 누군가에게 영향을 미칩니다. 단지 저기 앉아 있다는 것만으로도 짜증이 나는 사람이 있습니다. 반면 자리에 없지만 그 사람을 떠올리면 힘이 나고 위로가 되는 사람도 있습니다.

범죄학 용어로 **로카르의 교환 법칙**이 있습니다. 접촉하는 두 물체는 반드시 서로에게 흔적을 남긴다는 법칙입니다. 우리는 같은 공간에서 숨을 쉬는 것만으로도 누군가에게 영향을 미치며, 직접 접촉하지 않더라도 어떤 식으로든 마음속에 흔적을 남깁니다.

로카르의 교환 법칙 Locard's Exchange Principle   모든 범죄는 접촉을 필요로 하고 그 접촉 과정에서 어떤 식으로든 증거를 남긴다는 법칙. 프랑스 리옹대학에 세계 최초의 법과학연구소를 설립한 에드몽 로카르는 접촉하는 두 물체는 반드시 서로에게 흔적을 남긴다고 주장했다.

그러므로 종종 하던 일을 멈추고 제3자가 되어 자기 자신을 객관화할 필요가 있지 않을까요? 아침에 이런 생각으로 일어나, 이런 표정으로 이런 말을 하는 나 같은 사람의 말을 부하직원들은? 배우자는? 자식들은 듣고 싶을까? 그리고 가끔 자문해볼 필요가 있겠죠? '나는 무엇으로 자녀의 기대치를 위반하는가?' '나는 사람들에게 어떤 흔적을 남기는가?'

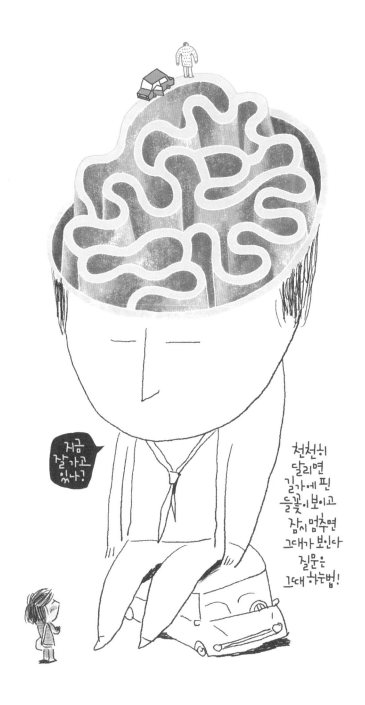

가족뿐 아니라 엘리베이터에서 이웃을 만날 때, 회사 건물 경비 아저씨와 마주칠 때, 편의점 직원을 대할 때 등 상대가 예상하지 못한 아주 작은 것으로 기대치를 위반해보십시오. 그 사람의 하루를 행복하게 만들어줄 수 있고 누군가의 인생을 완전히 바꿔놓을 수도 있습니다. 더 중요한 것은 상대방뿐만 아니라 그로 인해 우리의 삶이 더욱더 풍요로워진다는 것입니다. 그러다 보면 가끔 예상치 못한 횡재를 할 수도 있습니다.

몇 년 전입니다. 55인치 벽걸이 TV를 구입했는데 고장이 잦아 몇 번이나 수리를 요청했습니다. 세 번째 출장을 나온 기사분이 "고객을 이렇게 불편하게 해드리면 안 되는데 정말 죄송하다"면서 마치 그 회사의 CEO나 되는 것처럼 진심 어린 사과를 했습니다.

진땀을 빼면서 수리를 했지만 결국 수리를 끝내지 못하고 다음 날 다시 오겠다고 했습니다. 그분에게 저는 음료수를 권하면서 느낀 점을 얘기해주었습니다. 그렇게 진심을 담아 사과해주니 오히려 이 회사에 믿음이 간다고 하면서 그런 태도로 일한다면 나중에 틀림없이 성공할 거라고 말입니다.

저녁때 그 기사분이 전화를 걸어왔습니다. 동일한 이유로 고장이 3회 이상 발생하면 감가상각비를 제외하고 환불해주는 제도가 있다면서 벽걸이 TV 개발 초기에 비싸게 구입한 것이라 환불받은 돈으로 더 큰 TV를 구입할 수 있을 거라고 말해줬습니다. 그러면서 절차가 복잡하니 자기가 처리해주겠다고 요청하지 않은 친절까지 베풀어줬습니다.

다음 날 그 회사에서 헌 TV를 실어가고, 감가상각비를 제외한 금액이 즉시 입금되었습니다. 그 기사분이 설명해준 대로 우리는 그 돈으로 1년 이상 사용했던 그 TV보다 더 큰 TV를 구입할 수 있었습니다.

Think & Action!

인생의 성패는

상대가 기대하지 못한 작은 것을 추가해서

감동시킬 수 있는지 여부에 의해 결정된다.

기대치 위반으로 상대를 감동시킨 적이 있는가?

오늘

작은 일로 가족의 마음속에

감동의 흔적을 남길 수 있는 일은 무엇인가?

지레짐작하지 않고
가불해서 칭찬한다

언젠가 손님이 와서 서울 근교 식당에 갔습니다. 한 무리의 아주머니들이 우리 뒷자리에서 식사를 하고 있었습니다. 한 아주머니가 전화에다 대고 소리쳤습니다. "너 지금 또 게임하고 있지? 엄마는 안 봐도 비디오야! 빨리 숙제부터 해!" 정말 대단하죠? 그 아주머니는 어떻게 보지도 않고 아이가 게임한다는 것을 알았을까요? 이런 천리안을 가진 엄마들이 우리나라에는 참 많습니다.

엄마들이 천리안을 갖게 된 데는 이유가 있습니다. 그동안 아이가 학교 갔다 오면 게임을 하느라 숙제를 하지 못한 경우가 많았기 때문입니다. 그런데 이렇게 지레짐작을 하고 아이를 다그칠 경우 아이는 전화를 끊자마자 곧바로 숙제를 할까요? 여러분이라면 전화를 끊자마자 숙제부터 하겠습니까? 아니면 게임을 하겠습니까? 당연히 숙제를 하지 않을 가능성이 많습니다.

전화를 받는 그 순간, 아이가 하고 있던 행동은 둘 중 하나겠죠? 게임을 하고 있던지, 안 하고 있던지. 엄마의 짐작대로 아이가 게임을 하고 있는 경우를 생각해봅시다. "너 지금 또 게임하고 있지? 엄마는 안 봐도 비디오야! 빨리 숙제부터 해!"라는 엄마의 전화를 받은 그 순간 아이는 어떤 생각을 하게 될까요?

'아, 엄마가 전화를 했다는 것은 조금 멀리 있다는 뜻이잖아? 그러니 최소한 한 시간 정도는 마음 푹 놓고 게임을 해도 되겠다. 자, 지금부터 게임을 느긋하게 즐겨볼까?' 아마 이렇게 생각하지 않을까요?

이번에는 반대의 경우를 생각해볼까요? 날마다 집에 오자마자 게임부터 하는데, 그날은 우연히 게임하는 것을 깜빡 잊어버리고 숙제를 하려고 생각하고 있었다고 칩시다. 그런데 엄마한테 "너 또 게임하고 있지? 숙제부터 해"라는 전화를 받았다면? 그 순간 아이는 어떤 생각을 하게 될까요? '아니, 이런! 내가 오늘 왜 게임할 생각을 못했지? 우리 엄마는 정말 좋은 엄마야. 이런 걸 전화로 다 알려주시다니 빨리 게임을 해야지!'

결론적으로 말하면, "너 또 게임하고 있지? 빨리 숙제부터 해!"라는 전화는 그 순간 아이가 게임을 하고 있든, 아니면 안하고 있든 상관없이 아이가 게임을 하게 만든다는 것입니다.

함부로 넘겨짚지 말아야 하는 까닭

지레짐작으로 아이를 나쁜 쪽으로 몰아가면, 그 판단이 맞든 틀리든 얻는 게 없다는 것입니다. 아이가 숙제부터 하게 하려면 이렇게 전화를 하면 되지 않을까요? "우리 다빈이 학교 갔다 와서 숙제부터 하고 있겠지? 숙제하느라 힘들지? 엄마 좀 늦을 것 같은데, 혹시 먹고 싶은 거 없니?"

게임을 하고 있는 경우를 먼저 생각해봅시다. 엄마가 전화를 걸어 "숙제부터 하고 있겠지?"라고 물어본다면? 그런 말을 듣고도 게임을 할 가능성이 있기는 합니다. 하지만 마음이 불편해질 것입니다. 엄마의 기대와 자신이 하고 있는 행동이 일치하지 않기 때문입니다.

이런 상태가 바로 **인지부조화 상태**입니다. 사람은 이런 인지부조화 상태에서는 마음이 불편하기 때문에 이를 해소하고자 합니다. 즉 아이는 엄마의 기대와 일치하는 행동을 하게 됩니다. 그리고 아이는 이런 비슷한 경험을 반복하면서 점차 엄마의 기대대로 행동하게 될 것입니다.

그런데 학교 갔다 오면 날마다 게임만 하던 아이가 아주 예외적으로 게임을 안 하고 숙제를 하는 경우도 있겠죠? 그런데 엄마가 전화를 걸어 "숙제부터 하고 있겠지?"라고 물어보면 아이는 어떤 생각을 하게 될까요? '어? 내가 모처럼 숙제부터 하는데, 우리 엄마는 도대체 어떻게 알았을까? 정말 귀신이네…….'

부정적으로 지레짐작하면 결국 아이는 그런 부정적인 기대에 맞추어 행동하게 되고, 반대로 긍정적으로 기대하면 아이는 긍정적으로 행동하게 됩니다.

우리 애들은 돈에 관심이 없어요

상담을 하다 보면 아이의 손버릇을 고치려다가 오히려 손버릇이 더 나빠질 뿐만 아니라 아이와 사이만 더 나빠졌다는 부모를 가끔 만납니다.

돈이 없어졌는데 아이가 훔쳤다고 생각하면 부모는 정말 당황스러울 것입니다. 그래서 많은 부모들이 초기에 손버릇을 고쳐야 한다고 생각해서 "너 바늘도둑이 소도둑 된다는 말 몰라?" "너는 커서 도대체 뭐가 되려고 그래?" 심지어는 "너 도둑놈이야?"라며 윽박지릅니다. 물론 직접 목격한 경우는 드물기 때문에 지레짐작할 뿐입니다. 아이가 훔쳤다고 여기는 부모의 판단이 맞을 수도 있고, 틀릴 수도 있습니다.

부모의 판단이 맞았을 경우, 아이는 속으로 어떤 생각을 할까요? 앞으로는 절대로 그러지 말아야겠다는 생각이 들 수도 있지만 부모로부터 낙인이 찍힌 이상 '도둑놈 소리를 들었는데, 한 번 훔치나 두 번 훔치나 거기서 거기 아닌가?' 하는 생각이 들지 않을까요?

반대로 부모의 판단이 틀렸다면? 아이의 입장에서는 이보다 더 억울한 일이 없습니다. 그래서 상처받은 아이는 죄인 취급을 하는 부모를 원망하고 보복 심리로 더 엇나가는 행동을 할 수도 있습니다.

아이들이 아주 어렸을 때, 아내가 화장대 위에 둔 돈이 없어졌다고 한 적이 있었습니다. '설마 우리 아이들이? 바늘도둑이 소도둑이 된다는데……' 이런 생각이 들면서 머리가 혼란스러워 졌습니다. 실제로 아내뿐 아니라 가끔 저도 물건을 엉뚱한 곳에 두고 찾는 일이 많았기 때문에 아이들이 손을 댔다고 확신할 수는 없었습니다.

무작정 아이들을 불러놓고 물어볼 수도 없고 다그칠 수도 없었습니다. 부모가 잘못 판단해서 아이들에게 누명을 씌운다면 그것처럼 미안한 일도 없을 것이고, 아이들에게는 커다란 상처를 주는 일일 테니까요.

아무튼 저는 그때 마침 '열등감 이론'의 창시자, 알프레드 아들러가 떠올랐습니다. 아들러는 등이 굽은 곱사등이로 태어나서 몸이 허약하고 키도 작고 공부도 못했습니다. 중학교 담임 선생님은 아들러의 아버지에게 아들러는 수학을 너무 못해 진학하기 어려우니 구두 만드는 제화공이나 시키는 게 좋겠다고 말합니다.

하지만 아들러 아버지는 아들러를 끊임없이 격려하고, 친척이 집에 올 때마다 아들러가 이런저런 재능이 있는 것 같다고 자랑하곤 했습니다. 그런 이야기를 들은 아들러의 마음은 어땠을까요? 은연중에 '나도 재능이 있나 봐' 하는 생각이 들었겠죠? 아버지는 아들에게 자신감을 심어주기 위해 간접적으로 격려를 해준 것입니다.

아들러는 아버지의 기대를 저버리지 않기 위해 정말 열심히 공부한 결과 수학 최고 득점자로 중학교를 졸업하게 됩니다. 열등감만 가득했던 아들러가 말입니다. 그리고 훗날 《아이의 의욕을 키워주는 방법》 등의 책을 쓰면서 '인간의 가장 놀라운 특성 중 하나는 마이너스를 플러스로 바꿀 수 있다는 것'이라는 열등감 이론의 창시자가 됩니다.

아들러는 나중에 어린 시절을 회고하면서 이렇게 말했습니다. "그때 아버지가 선생님의 충고대로 나를 학교에 그만 다니게 하고 구두 가게로 보냈다면 나는 아마 그런 대로 솜씨 있는 구두 수선공이 되었을지도 모른다. 대신 수학적 재능이 없어도 나중에 얼마든지 성공할 수 있다는 것을 평생 믿지 못했을 것이다."

앞에서 우리 집에서 돈이 없어진 이야기를 했었죠? 그 후 저는 어떻게 했을까요? 아들러의 이야기에서 힌트를 얻었습니다. 저는 친척들이 집에 와서 아이들 이야기를 할 때면 "우리 애들은 돈에 별로 관심이 없는 거 같아요. 집에 돈이 굴러다녀도 우리 아이들은 동전 한 푼도 손을 안 대요"라고 했습니다. 그 덕분이었을까요? 우리 부부는 지금까지 아이들 때문에 돈이 없어졌다는 생각을 한 번도 해본 적이 없습니다.

인부들이 뒷정리를 잘하게 만든 최고의 방법

언젠가 어떤 내담자가 아이가 지갑에 손을 대는 것 같은데 어떻게 해야 할지 모르겠다면서 조언을 구했습니다. 저는 제 경험과 함께 몇 가지 이야기를 들려줬습니다. 그중에 데일 카네기의 책에서 읽은 재미있는 이야기도 소개해드렸습니다. 대충 이런 내용입니다.

제이콥 부인이 인부들에게 집수리를 맡겼는데 퇴근해서 집으로 돌아와 보니 인부들이 뒷정리를 하지 않고 돌아가서 앞마당이 공사 자재들로 엉망이었습니다.

제이콥 부인은 화가 났지만 공사 감독자에게 이 사실을 알리지 않고 아이들과 함께 자재를 한쪽 구석으로 깨끗하게 치워놓고, 다음 날 감독에게 당신의 인부들이 저렇게 뒷정리까지 잘했다고 칭찬했습니다.

그리고 나서 어떤 일이 일어났을까요? 제이콥 부인은 날마다 짜증을 내면서 아이들과 함께 어질러진 공사 자재를 치웠을까요? 당연히 아닙니다. 다음 날부터 인부들은 일을 마치면 즐거운 마음으로 공사 자재들을 깨끗이 치우고 갔습니다.

칭찬은 잘했을 때 하는 것이라고 생각하는 사람이 많습니다. 하지만 미리 가불해서 칭찬할 때 더 놀라운 효과를 발휘합니다. 사랑도 마찬가지입니다. 사랑스럽기 때문에 사랑한다고 말할 수도 있지만, 사랑한다고 표현하다 보면 사랑스러운 사람이 될 수도 있습니다. 특히 아무리 기다려도 잘할 것 같지 않은 사람에겐 미리 가불해서 칭찬하고 사랑한다는 표현을 할 필요가 있습니다.

자녀에게도 잘할 때까지 기다리지 말고 가끔은 가불해서 칭찬할 필요가 있습니다. 자녀뿐 아니라 그 어떤 사람에게도 마찬가지입니다. 부하직원에게도, 고객에게도, 상사에게도, 시어머니나 며느리에게도…… 칭찬받을 일을 해야 칭찬하겠다고 생각하면 죽을 때까지 칭찬할 수 없는 사람이 우리 주변에는 수두룩합니다.

| Think & Action! |

칭찬할 일이 있을 때 칭찬하는 것은 쉽다.

지혜로운 사람은 미리 칭찬을 해서

상대가 칭찬받을 일을 하도록 돕는다.

자녀에게 미리 칭찬을 해서 효과를 보고 싶은 일은 무엇인가?

찾아보고 실천하자.

부모는 가정 안의
피그말리온이다

사람들은 언제나 당신이 기대하는 만큼만 성과를 낸다.
– 스털링 리빙스턴

IQ 검사는 학생들의 성적을 예측하는 데 어느 정도 도움이 되지만, 성공적인 삶을 예측하는 데는 아무 소용이 없다면서 새로운 IQ인 성공지능, SQ를 제안한 심리학자가 있습니다. 지능론에 대한 많은 연구와 보고를 한 로버트 스턴버그입니다.

그는 초등학교 시절 IQ 테스트를 엉망으로 치러 학습 부진아로 낙인이 찍혔습니다. 이전의 선생님들은 스턴버그를 저능아 취급하면서 아무것도 안 시켰습니다. 하지만 4학년 담임이 된 알렉사 선생님은 IQ 점수를 무시하고 스턴버그도 틀림없이 잘해낼 거라고 기대하면서 이것저것 시키고 칭찬했습니다.

스턴버그 박사는 《성공지능》에 이렇게 썼습니다. "나는 IQ 테스트 점수에 개의치 않고 내게 많은 것을 기대하시는 선생님을 기쁘게 해드리고 싶었다. 그 결과 선생님의 기대치를 훨씬 초과해서 난생처음으로 전 과목 A⁺를 받았다. 만약 4학년 담임으로 다른 선생이 부임해왔다면 나는 오늘날 예일대학의 연구실 주인이 아니라, 그 방을 청소하는 사람이 되었을지도 모른다."

중학교에 들어가면서 그는 지능을 연구하는 심리학자가 되기로 결심했습니다. 그리고 마침내 성공지능의 창시자가 되었고 이 분야의 거장이 되었습니다. 그의 책 《성공지능》 첫 페이지에는 오직 이 한 문장만 적혀 있습니다. "내 인생의 방향을 바꾸어주신 알렉사 선생님께 이 책을 바칩니다."

어떤 사람에 대해 긍정적인 기대를 하면서 그것을 자꾸 표현하다 보면 결국 상대방은 기대하던 모습으로 바뀌게 되는데, 이것을 **피그말리온 효과**Pygmalion Effect라고 합니다. 다들 들어본 적 있으시죠? 피그말리온은 그리스 신화에 나오는 조각가입니다.

피그말리온 Pygmalion

.키프로스의 조각가 피그말리온은 여성을 혐오해서 평생 독신으로 살기로 했다. 그는 자신이 만든 상아 조각상에 반한 나머지 그 조각상을 사랑하게 되었다. 마

치 살아 있는 연인을 대하듯이 조각상에 옷을 입히고 손가락에 보석 반지를 끼우고 목에 진주 목걸이를 걸어주었다. 그렇게 상아 여인에게 온갖 정성을 쏟았다. 그는 아프로디테 여신에게 간절히 기도했다. "저 상아 처녀를 제 아내로 점지해주소서." 그의 정성에 감복한 아프로디테는 그의 소원을 들어주었다. 피그말리온이 집으로 돌아와서 보니 조각상은 생기가 도는 것 같았다. 손을 가만히 만져보니 따뜻한 체온이 느껴졌다. 조각상에 입술에 갖다 대자 그 처녀는 수줍은 듯 얼굴을 붉혔다.

교사는 마음으로 아이를 조각하는 피그말리온

1964년 하버드대학 심리학과 교수 로젠탈 박사와 초등학교 교장 레노어 제이콥슨 박사는 빈민 가정의 아이들이 많은 오크 초등학교의 교사들을 대상으로 기대효과를 실험으로 증명한 후에 이를 '피그말리온 효과'라고 명명했습니다.

그들은 교사들에게 학생 명단을 주면서 이 아이들은 심리검사 결과 잠재력이 아주 높은 학생들이라고 알려주었습니다. 그러면서 이 사실을 학생들이나 학부모들에게는 비밀로 해달라고 당부했습니다.

하지만 사실 이 학생들은 심리검사와는 상관없이 무작위로 선발되었습니다. 8개월 후에 학생들의 행동 평가와 지능 검사를 다시 실시했습니다. 결과는 어땠을까요? 여러분이 이미 예상한 대로 잠재력이 뛰어난 것으로 기대된 아이들은 IQ가 무려 24점이나 향상되었을 뿐만 아니라 성적도 크게 올랐습니다. 그리고 학교생활 전반에서 긍정적인 변화를 보여줬습니다.

어떻게 이런 결과가 나왔을까요? 교사들의 기대가 명단에 포함된 학생들에게 다음과 같은 과정을 통해 긍정적인 영향을 미쳤기 때문입니다.

첫째, 교사는 잠재력이 있다고 기대되는 아이들에게 관심을 더 많이 갖게 되겠죠? 그리고 이런 교사의 태도는 목소리, 표정, 몸짓 등을 통해 학생들에게 전달됩니다.

둘째, 교사의 관심과 격려는 학생들의 태도를 긍정적으로 변화시키고 학습 동기를 향상시켰겠죠? 학생들은 당연히 교사의 기대에 부응하기 위해 더 많은 노력을 기울일 수밖에 없습니다.

셋째, 더 노력한 학생들은 당연히 성적이 오르고, 교사는 자신의 믿음이 옳았다는 것을 다시 한 번 확인하게 되었겠죠?

피그말리온 효과는 심지어 쥐에게도 나타나는 현상입니다. 로젠탈 박사는 대학생들에게 무작위로 선정된 쥐를 나눠주면서

미로 찾기 훈련을 시키도록 했습니다. 한 그룹에게는 '미로 천재'라는 별명을 주면서 똑똑한 쥐라고, 또 한 집단에게는 '미로 바보'라는 별명을 주면서 둔한 쥐라고 알려줬습니다. 5일 동안의 훈련 후 미로 천재로 불린 쥐가 미로 바보라고 불린 쥐보다 미로 찾기 속도가 훨씬 빨랐습니다. 그 비결은 학생들이 쥐를 다루는 태도에 있었습니다. 전자의 학생들은 쥐에게 정성을 다한 반면, 후자는 쥐를 소홀히 취급한 것입니다.

학생에게 교사의 태도나 기대는 정말로 중요합니다. 교사들의 기대가 학생들의 운명을 바꿀 수도 있으니까요. 하지만 교사보다 더 중요한 사람이 부모입니다.

로젠탈과 제이콥슨은 실험 결과를 이렇게 요약했습니다. "교사가 우수한 학생이라는 기대를 가지고 가르치면 그 학생은 우수하게 성장할 확률이 높다. 교사는 마음으로 아이를 조각하는 교실 안의 피그말리온이다."

이 말을 살짝 바꾸면 이렇게 되겠죠? "부모는 기대를 가지고 아이를 조각하는 가정 안의 피그말리온이다." 사실 우리 모두는 마음으로 누군가를 조각하는 피그말리온입니다.

며느리들이 하는 거짓말 베스트 0순위는?

한동안 인터넷에 '시어머니에게 하는 며느리들의 거짓말 베스트'라는 유머가 떠돌았는데 들어보셨나요? 이런 내용입니다. 베스트 5위, 저도 어머님 같은 시어머니가 될래요. 4위, 전화 드렸는데 안 계시더라고요. 3위, 어머님이 만드신 음식이 제일 맛있어요. 2위, 용돈 적게 드려 죄송해요. 1위, 어머님 벌써 가시게요? 며칠 더 있다 가세요. 그렇다면 며느리들의 거짓말 베스트 0순위는 무엇일까요? '어머님, 사랑해요'입니다.

혹시 "나는 마음에 없는 말은 절대 못한다"고 생각하는 분 계신가요? 그런데 속에 없는 말이지만 '사랑한다'고 말할 수 있는 며느리와 그런 마음에 없는 말은 손발이 오글거려 꿈속에서도 못한다는 며느리 중 누가 더 남편과 시어머니의 사랑을 받고, 누가 더 아이들에게 잘하겠습니까? 누가 더 행복하게 살고, 어떤 집이 더 화목할까요?

당연히 '사랑한다'고 말하는 며느리입니다. 왜 그럴까요? 진실 여부를 떠나 사랑한다는 말을 반복하다 보면 처음에는 긴가민가하던 시어머니도 시간이 지나면서 점점 며느리의 말을 믿게 되기 때문입니다. 며느리에게 사랑한다는 말을 들으면 시어머니

는 처음에는 속으로 이렇게 생각하겠죠? '너는 거짓말도 참 잘하는구나.'

그러나 그 말을 몇 번 더 듣다 보면 이런 생각이 들겠죠? '마음에도 없는 말을 저렇게 자주 하기는 어렵겠지?' 그 말을 계속해서 더 듣게 되면? '맞아, 우리 며느리는 나를 진심으로 좋아하는 거 같아. 사랑스러운 우리 며느리.'

그러면서 며느리를 대하는 시어머니의 태도는 점점 더 긍정적이 되겠죠? 그런 시어머니를 대하다 보면 며느리 역시 시어머니를 점점 더 좋아하게 되고, 그러다 보면 언젠가는 '어머니, 사랑해요'라는 말이 진심에서 우러나오게 되지 않을까요?

시어머니가 미워 죽겠어요

여러분은 시어머니와 사이가 좋으신가요? 어느 날 독자 한 분이 메일을 보냈습니다. 시어머니가 미워 죽겠는데 어떻게 해야 할지 모르겠다면서 조언을 구했습니다. 그래서 오래전부터 전해 내려오는 '미운 시어머니를 확실하게 죽이는 방법'에 대해 알려드렸습니다.

옛날에 시어머니가 시집살이를 호되게 시켜 너무너무 괴로운 며느리가 있었습니다. 며느리는 시어머니 목소리나 얼굴만 떠올려도 속이 답답하고 가슴이 벌렁거릴 지경이었습니다.

시어머니가 죽지 않으면 자기가 죽겠다는 생각에 며느리는 몰래 아주 용하다는 무당을 찾아갔습니다. 무당은 며느리의 하소연을 다 듣고 나서 시어머니를 죽일 비방이 있다고 했습니다. 눈이 번쩍 뜨인 며느리는 무당에게 그 비방이 무엇이냐고 물었습니다.

무당은 시어머니가 좋아하는 음식을 물었습니다. 며느리가 '인절미'라고 하자 무당은 100일 동안 인절미를 맛있게 만들어 시어머니에게 매일 드리라고 했습니다. 그렇게 하면 시어머니가 이름 모를 병에 걸려 시름시름 앓다가 결국 죽을 것이라고 장담했습니다.

며느리는 그날부터 시어머니에게 정성껏 인절미를 만들어 드렸습니다. 그러자 의아한 시어머니는 처음에 "이년이 죽을 때가 되었나, 왜 안 하던 짓을 하고 난리야?"라고 핀잔을 줬지만 며느리는 아랑곳하지 않고 매일 맛있는 인절미를 해드렸습니다. 평소 못마땅했던 며느리가 매일 맛있는 인절미를 해다 바치자 시어머니는 마음이 조금씩 누그러졌습니다. 며느리를 대하는 얼굴도 달라지고 야단도 덜 치게 되었습니다.

두 달이 지나자, 하루도 거르지 않는 며느리의 정성에 감동한 시어머니는 동네 사람들에게 며느리 욕을 하는 대신 칭찬을 하기 시작했습니다. 석 달이 지나면서부터 며느리는 자기를 야단치기는커녕 웃는 낯으로 대해주고, 동네 사람들에게 자기를 칭찬하는 시어머니를 죽이려고 한 자신이 무서워졌습니다. 이렇게 좋은 시어머니가 정말로 돌아가실까 봐 덜컥 겁이 났습니다.

며느리는 있는 돈을 모두 싸들고 무당에게 달려가서 "제가 잘못 생각했으니 시어머니를 살릴 방도를 알려달라"며 애원했습니다. 그러자 무당이 뭐라고 말했을까요? 무당은 빙긋이 웃으며 "미운 시어머니는 벌써 죽었지?"라고 말했답니다.

사람은 상대가 사랑스럽게 행동할 때 사랑하게 됩니다. 하지만 미리 가불해서 사랑을 표현하다 보면 상대방에게 먼저 사랑스러운 사람이 됩니다. 자녀에게도 마찬가지입니다. 기대치 위반의 이론, 잘 활용하면 우리 인생이 더욱 행복해지지 않을까요?

상담을 할 때 어떤 사람과 좋은 관계를 유지하기 위해서는

'감사합니다, 미안합니다, 좋아합니다'라고 표현하는 것이 매우 중요하다고 늘 강조합니다. 이렇게 말하면 가끔 반문하는 사람이 있습니다.

"고맙다는 생각이 안 드는데, 미안하다는 생각이 안 드는데, 좋다는 생각이 안 드는데 그럴 때는 어떻게 해야 합니까?" 'as if 테크닉' 앞에서 말씀드렸죠? 그럴 때는 그 사람이 그냥 고마운 사람인 것처럼, 그 사람에게 미안한 일이 있는 것처럼, 좋아하는 사람인 것처럼 생각하면서 그렇게 표현하면 됩니다.

그렇게 하다 보면 정말 고마워할 일이 생깁니다. 미안한 점을 찾아내게 됩니다. 그리고 정말 좋아할 수 있는 점을 발견하게 됩니다. 왜 그럴까요? 그렇게 생각하고, 그렇게 표현하다 보면 상대방이 달라지고, 그로 인해 우리는 정말 그 사람이 그렇다는 근거를 찾아낼 수 있기 때문입니다.

Think & Action!

어떤 사람에 대해 긍정적으로 기대하고 표현하다 보면

결국은 상대방도 기대한 대로 달라진다.

피그말리온 효과를 적용해서 변화시키고 싶은 사람은 누구이며

어떻게 실천할 생각인가?

잘못한 일도
때론 모르는 척 넘어간다

현명한 사람이라면 무시하고 넘어가는 일이 많아야 한다.
– 랠프 왈도 에머슨

기대치를 위반해서 상대방을 감동시키는 것, 어떤 사람을 변화시키는 가장 좋은 방법 중 하나죠? 그런데 반드시 뭔가를 추가로 제공해야만 기대치를 위반하고, 감동을 줄 수 있는 것은 아닙니다. 상대방이 뭔가 잘못했을 때, 모른 척 넘어가는 것도 기대치 위반의 감동이 될 수 있습니다.

꽤 오래전 일인데, 한 일간지에 어느 여류 소설가가 아버지에 대해 쓴 글을 인상 깊게 읽었습니다. 내용은 대충 이렇습니다.

여름방학 때 시골집에 내려갔다. 아버지께서 마루에 벗어놓은 윗옷

주머니에 담뱃갑이 삐죽이 나와 있었다. 무료하기도 하고 호기심이 동해 담배 한 대를 뺀 다음 입에 물고 떨리는 마음으로 불을 붙였다. 그런데 그 순간 아버지가 들어오셨다. 아버지는 나를 빤히 보셨다. 그리고 다시 오던 길을 되돌아 나가셨다. 아버지의 얼굴을 다시 보는 게 너무 무서워 서울로 돌아갈까 하는 생각도 했다. 당시만 해도 여자가 담배를 피우면 큰일 나는 줄 알던 때였으니까. 아무튼 아버지에게 단단히 혼날 각오를 하고 있었는데, 저녁때가 돼서야 집으로 돌아오신 아버지는 저녁상 앞에서 담배에 대해서는 일언반구도 안 하셨다. 그리고 다음 날도, 그다음 날도, 지금까지 한 번도 담배 얘기는 꺼내지 않으셨다.

그때 아버지가 심하게 혼을 냈더라면……

글 마지막에는 이렇게 썼습니다. "그때 만약 아버지에게 심하게 혼났더라면 나는 골초가 되었을지도 모른다. 어쨌든 나는 그 이후 지금까지 담배를 피우지 않는다."

소설가 중에는 담배를 피우는 분이 많습니다. 그만큼 글쓰기가 힘들고 생각할 시간이 많이 필요하기 때문일지 모릅니다. 하지만 그녀는 그 일 이후로 담배를 입에 댄 적이 없으며 금연 홍보대사로 활동하고 있다고 합니다.

살다 보면 부드러운 것이 강한 것을 이기는 경우가 훨씬 더 많죠?

제 아들이 고등학교 다닐 때였습니다. 언젠가 세탁을 하려고 아이가 벗어놓은 옷 주머니를 뒤졌는데 담배가 나왔다면서, 아내가 걱정을 했습니다. 한 번 입에 대면 금연이 얼마나 힘든지 익히 알고 있던 터라 저도 몹시 당황스러웠습니다. '이걸 어떻게 해야 하나……' 고민했습니다.

그 순간 그 소설가의 글이 떠올랐습니다. 그래서 저도 모른 척하기로 했습니다. 며칠 후 아이에게 부드럽게 얘기해줬습니다. "엄마가 네 옷 주머니에서 담배가 나왔다고 많이 걱정하시더라. 아빠도 담배를 피워봐서 하는 말인데 우리 아들은 담배를 피우지 않았으면 좋겠다. 한 번 배우면 끊기가 정말 어렵거든."

그 후로 아들의 주머니에서 담뱃갑이 나온 적은 한 번도 없었습니다. 물론 어른이 된 지금까지 제 아들은 담배를 피우지 않습니다.

언젠가 TV에 소설가 이외수 선생의 가족에 대한 이야기가 나왔는데 영화감독인 아들이 이렇게 말했습니다. "고등학교 때 학교 가기가 싫어 갈 수도 안 갈 수도 없어 혼자 울고 있었다. 그러다 어머니에게 들켰다. 혼이 날 줄 알았다. 그런데 어머니가 '너 왜 우니?' 하고 물어서 머뭇거리다가 사실대로 말했더니 나를 안방으로 데리고 갔다. 그리고 돈 만 원을 주며 말씀하셨다. '어디라도 다녀와라.' 황당했다. 어디로 가란 말인가? 그런데 어머니는 '터미널에 가서 가장 빨리 출발하는 차를 타고 어디든 갔다 와라. 대신에 오늘 안으로 꼭 돌아와'라며 방법까지 가르쳐주셨다."

어려움 가운데 가장 어려운 것은

자식이 뭔가 잘못을 저지르면 우리 부모들은 지나치게 걱정하는 경향이 있습니다. 물론 저도 마찬가지입니다. 세 살 버릇 여든까지 간다는 속담을 떠올리면서 처음 잘못했을 때 단호하게 혼을 내서 다시는 그런 잘못을 저지르지 못하게 가르쳐야 한다고 생각하기도 합니다.

물론 그것도 틀린 생각은 아닙니다. 하지만 지나치게 가혹한 처벌은 역효과를 낼 가능성이 많습니다. 자존심이 상하거나 가혹하게 처벌을 받으면 반발심이 생겨 오히려 더 하게 되는 게 인간의 심리거든요. 실제로 부모가 너무 엄하면 처벌을 피하기 위해 아이들이 거짓말을 더 많이 하게 됩니다. 국내 연구에서도 너그러운 부모가 아이의 어휘력과 정서 발달에 긍정적 영향을 미치는 것으로 조사되었습니다.

조금 과장된 표현일 수도 있지만, 상담을 하다 보면 어떤 부모들은 마치 탈옥수를 찾기 위해 탐조등을 비추는 간수처럼 언제 아이가 나쁜 행동을 할지 예의주시합니다. 그러다가 걸리기만 하면 가차 없이 혼을 냅니다. 하지만 이런 경우 문제가 해결되기보다는 오히려 관계만 악화되는 경우가 더 많습니다. 참 안타까운 일입니다.

자녀가 잘못된 행동을 했을 때, 즉시 문제를 지적하고 혼내기보다 때로는 모른 척 넘어가주는 것이 훨씬 더 효과적일 수 있습니다. 하지만 모른 척하고 넘어가주기, 결코 쉬운 일은 아니죠? 그래서 성철스님도 이렇게 말씀하셨나 봅니다. "어려움 가운데 가장 어려운 것은 알고도 모르는 척하는 것이다."

이제 두 번째 질문 '무엇(What)'을 정리하겠습니다. 자녀와 사이가 좋은 부모, 행복한 부모는 무엇이 다를까요?
첫째, 문제의 원인과 해결책을 내부에서 찾는다는 것입니다.
둘째, 해결책의 범위가 넓고 레퍼토리가 다양하다는 것입니다.

셋째, 아주 작은 일을 할 때도 선택하는 길이 다르다는 것입니다. 의무적으로 해야 할 일을 다 하고 난 다음에 아주 작은 것, 1% 엑스트라 서비스를 제공해서 감동을 주려고 노력한다는 것입니다.

Think & Action!

어떤 상황에서는 차라리 모르는 게 낫고,

만일 알게 되더라도 모르는 척하는 게 상책일 때가 있다.

어떤 때가 그런가?

자녀가 감추고 있던 일을 찾아내서 혼냈던 경험을 떠올려보라.

모른 척하고 넘어갔더라면 어떤 결과가 일어났을까?

만일 내가 아이를 다시 키운다면……

아이를 다시 키운다면
먼저 아이의 자존심을 세워주고
집은 나중에 세우리라.

아이와 함께 손가락 그림을 더 많이 그리고,
손가락으로 명령하는 일은 덜하리라.
아이를 바로잡으려고 덜 노력하고,
아이와 하나가 되려고 더 많이 노력하리라.
시계에서 눈을 떼고 눈으로 아이를 더 많이 바라보리라.

만일 내가 아이를 다시 키운다면
더 많이 아는 데 관심을 갖지 않고,
더 많이 관심 갖는 법을 배우리라.

자전거도 더 많이 타고 연도 더 많이 날리리라.
들판을 더 많이 뛰어다니고 별들을 더 오래 바라보리라.

더 많이 껴안고 더 적게 다투리라.
도토리 속의 떡갈나무를 더 자주 보리라.

덜 단호하고 더 많이 긍정하리라.
힘을 사랑하는 사람으로 보이지 않고
사랑의 힘을 가진 사람으로 보이리라.
— 다이애나 루먼스

3부

How

사랑의 표현, 어떻게 실천할 것인가

멀리 내다보되, 작게 시작한다

미래의 관점에서
현재를 선택한다

인생은 되돌아볼 때만 이해할 수 있지만, 우리는 앞을 내다보고 살아야 한다.
— 키르케고르

마지막 질문입니다. 어떻게(How)? 즉 '어떻게 실천하고 표현할 것인가?'입니다. 저 사람 정말 행복하게 사는 거 같은데 어떻게 저런 성과를 낼 수 있었을까? 특별히 노력하는 것 같지도 않은 데 아이들과 어쩌면 저렇게 잘 지낼까? 이들을 유심히 관찰하면 몇 가지 공통점이 있습니다.

첫째, 가끔씩 하던 일을 멈추고 생각할 시간을 가진다는 겁니다. Stop & Think! 무엇을 생각할까요? 미래입니다. 10년, 20년, 30년 후의 원하는 삶을 그려보는 것입니다. 둘째, 그 미래를 위해 당장 할 수 있는 정말 작은 일(small thing)을 찾아냅니다. 셋째,

자신이 원하는 삶과 미래를 위해 실천합니다. 언제 실천할까요? 즉시(here and now) 실천합니다.

상담을 하다 보면 노후에 지난 인생을 후회하는 사람들이 많습니다. 자식을 위해 평생 고생했는데도 자식에게 제대로 대접받지 못한 부모도 많습니다. 그들에겐 한 가지 공통점이 있습니다. 그냥 열심히만 살았다는 것입니다. 그래서 저는 학생들에게 절대로 개미처럼 열심히만 살면 안 된다고 얘기합니다.

그리고 이런 얘기도 해줍니다. 가끔 멈추고 생각할 시간을 가지라고. 그렇게 하지 않으면 조만간 거울 속에서 초라하게 늙은 노인 한 명을 만나게 될 것이다. 그리고 한숨을 쉬면서 이렇게 중얼거릴 것이다. "이것이 내 인생이란 말인가? 나 정말 열심히 살았는데……."

대부분의 평범한 사람들은 '그냥 열심히 살다 보면 어떻게 되겠지' 하면서 부지런히 살아갑니다. 저는 이런 사람들을 현재의 관점에서 그냥 열심히 산다고 말합니다. 하지만 소수의 행복하고 성공한 사람들은 다릅니다. 그들은 미래를 내다보면서 지금 무엇을 해야 할지 선택합니다. 저는 이런 사람들을 미래의 관점에서 현재를 선택하며 살아간다고 말합니다.

자녀를 키울 때도 마찬가지입니다. 많은 부모님들이 '그냥 열심히 아이를 키우다 보면 나중에 어떻게 되겠지' 이렇게 생각하면서 아이를 키웁니다. 그러나 행복한 부모들은 다릅니다. 그들은 가끔씩 하던 일을 멈추고 미래로 미리 가봅니다. 10년, 20년, 30년 후 원하는 삶과 자녀와의 관계를 상상해봅니다. 그리고 현재로 거슬러 올라옵니다. '그 미래의 삶을 위해 지금 실천해야 할 일은 무엇인가?'

이것이 내 인생이란 말인가?

30년 후에 하고 있는 일과 재정 상태는? 그리고 건강은? 자녀와의 관계는? 사실 그건 아무도 모릅니다. 다음 모퉁이를 돌기 전까지는 그 모퉁이를 돌았을 때 어떤 일이 기다리고 있을지 아무도 모릅니다. 하지만 그 모퉁이를 돌았을 때 무슨 일이 일어날지 미리 예상해보고 대비책을 세우는 사람은, 그렇지 않은 사람과 다음 모퉁이를 돌았을 때 겪게 될 일이 완전히 다릅니다.

얼마 전 '노후 파산'에 관한 다큐멘터리를 보았습니다. 혹시 보셨습니까? 우리는 거기에 나온 주인공들을 통해 우리의 미래를 미리 만나볼 수 있습니다. 한 분은 대기업 임원으로 근무하다 건설사까지 경영했던 CEO였는데, 80세가 된 지금은 월세 20만 원짜리 쪽방에서 독거노인으로 살고 있습니다.

그분은 자녀가 5명이나 되지만 모두 연락을 끊고 산다고 합니다. 거기 나온 주인공들은 하나같이 이렇게 말합니다. "그저 앞만 보면서 일밖에 모르고 열심히 살았다. 내 인생이 이렇게 될 줄 몰랐다." 그들에겐 공통점이 있습니다. 미래로 미리 가보지 않았다는 점입니다. 그래서 대비책을 세우지 못한 것이지요.

가던 길을 멈추고 미리 미래로 가보는 시간을 갖는 것, 정말 중요합니다. 예를 들어 문자 하나를 보낼 때도 잠시 멈추고 생각할 시간을 갖는 것입니다. '이 문자를 보내면 어떤 일이 일어날까? 그리고 그 일은 어디로 이어질까?' 이런 것을 저는 포워드(forward) 방식이라고 합니다.

정반대로 백워드(backward) 방식도 있겠죠? 10년, 20년, 30년 후의 미래로 미리 가보는 것입니다. 지금 이대로 살면 어떤 모습으로 살아가게 될까? 가족관계, 재정 상태, 건강 상태, 비즈니스 등등. 그리고 이게 아니다 싶으면 원하는 상태를 상상해본 후에 백워드로 거슬러 올라와서 지금 내가 무엇을 해야 할지 선택하는 방식입니다.

지금 하고 있는 일은 얼마나 오래 할 수 있을까요? 직장은 언제까지 다닐 수 있을까요? 그거야 아무도 모르죠. 하지만 한 가지 명백한 사실이 있죠? 언젠가 그 일을 그만둬야 한다는 것입니다. 그 일을 그만둘 때 나는 사람들에게 어떤 존재일까요?

세 부류로 정리되겠죠? 첫째, 저 사람 나가니까 속이 다 시원하다. 슬픈 일이죠? 둘째, 때가 되면 나가는 거지. 이것도 슬프지 않나요? 셋째, 꼭 필요한 사람인데 아쉽다. 저분이 나가서 무슨 일을 하든 도움을 드려야지……. 우리는 어떤 모습을 지향해야 할까요? 그런 사람이 되려면 지금부터 어떻게 해야 할까요?

자녀와의 관계에서도 마찬가지겠죠? 지금 다들 건강하시죠? 물론 저도 아직은 건강합니다. 그런데 확실한 사실 한 가지가 있죠? 우리는 모두 조만간 늙고 병든다는 것입니다. 20년, 30년 후, 늙고 병든 내 모습은 어떨까? 그리고 자식은 그런 나를 어떻게 대할까? 미리 예측해보는 것입니다.

미래를 내다보는 능력을 **예측지능**이라고 합니다. 하버드대학의 벤필드 교수는 '성공과 행복의 가장 중요한 열쇠가 무엇일까?'라는 주제를 평생 연구했습니다. 이분이 내린 결론은 바로 이것입니다. '장기적인 전망(Longtime Perspective)', 즉 행복하고 성공적인 삶을 사는 데 가장 중요한 것은 '미래를 내다볼 줄 아는 능력'이라는 것입니다.

예측지능 Predictive Intelligence 미래를 내다보는 능력. 예측지능을 높이는 데는 두 가지 과정이 있다. 첫째, 순행 과정(Forward Process)으로 현재의 선택이 미래로 어떻게 연결될지 예측해보는 것이다. 둘째, 역행 과정(Backward Process)으로 내가 원하는 미래의 상태를 상상해본 다음, 그 상태에 도달하기 위해 지금부터 해야 할 일을 찾아보는 것이다.

사업도 그렇고 배우자나 자녀와의 관계도 마찬가지겠죠? 미래를 내다보는 능력, 장기적인 관점에서 생각해보는 능력, 행복한 삶과 성공적인 삶에 정말 중요한 핵심 요소지요? 그렇다면 우리가 노후에 '아, 그래도 참 잘 살았구나' 하면서, 지난 삶을 후회하지 않으려면 가끔 하던 일을 멈추고 미래로 미리 가서 '훗날 나는 자녀와 배우자, 그리고 다른 사람들에게 어떤 의미의 존재로 기억될까?' 이런 질문을 해봐야 하지 않을까요?

시동을 끄고, 1분만 생각하자

미국의 석유재벌 존 록펠러는 이런 말을 했습니다. "보통 사람들은 일만 하느라 부자가 될 시간이 없다." 여러 가지 의미가 포함되어 있는 말이죠? 성공하고 행복하려면 가끔씩 하던 일을 멈추고 생각할 시간을 가져야 합니다. 원하는 미래를 그려 보고 그 미래를 위해 지금 무엇을 선택할지 생각해봐야 합니다. 하지만 멈추고 생각할 시간을 갖는 것, 그리 쉬운 일은 아닙니다. 오죽하면 버트런드 러셀은 이런 말을 했을까요. "사람들은 생각을 하느니 차라리 죽음을 택하곤 했다. 지금도 여전히 그렇게들 한다."

퇴근 후 집에 도착하면 차를 세우자마자 곧장 집으로 들어가기보다 가끔은 시동을 끄고 잠시, 단 1분만이라도 멈추고 생각할 시간을 가져보십시오. '오늘은 현관에 들어설 때 아이들에게 어떤 표정에 어떤 목소리로 어떤 인사를 건네볼까? 그러면 그 일은 어디로 이어질까?' 이렇게 1분만 투자하면 정말 많은 것이 달라질 수 있습니다.

정말 짧은 시간인데 왜 멈추고 생각해보는 것이 잘 안 될까요? 멈추고 생각하는 것이 얼마나 중요한지 배울 기회가 없었고, 배웠다고 하더라도 의식적인 노력을 해야 하기 때문입니다. 인간은 기본적으로 복잡한 걸 싫어합니다. 파스칼은 인간을 생각하는 존재라고 했지만, 심리학에서는 인간을 **인지적 구두쇠** Cognitive Miser라고 합니다.

하지만 이걸 알아야 합니다. '모든 선택은 반드시 즉각적인 결과를 만들어내며 그건 또 다른 결과로 이어진다'는 것입니다. 지금 선택한 작은 일이 5년, 10년, 20년 후의 미래로 이어져 상상도 못하는 나비효과를 만들어낼 수도 있습니다. 시간이 지나면 다람쥐 챗바퀴 돌듯 살아가는 사람과, 잠깐 멈추고 생각할 시간을 가진 사람 사이에는 엄청난 격차가 날 수도 있습니다.

앞에서 소개한 달라이 라마의 말, 기억하시나요? "그대의 미래가 궁금한가? 지금 그대가 하고 있는 행동을 면밀히 관찰하라." 퇴직해서 창업을 할 때 부하직원으로부터 "상무님, 아무리 어려운 일이 있어도 함께 참여하고 싶어요"라는 말을 듣고 싶다면?

치매에 걸려 요양병원에 입원했을 때, 사랑하는 아이들의 얼굴도 못 알아보고, 심지어 자식 얼굴에 침을 뱉는다 해도 "아빠, 나는 아빠가 아무리 나에게 욕을 해도 이 세상에서 우리 아빠가 제일 좋아요"라는 말을 듣고 싶다면? 병들어 거동하기 힘든 몸이 되었는데도 아내가 다정하게 함께 밥 먹고 휠체어에 태워서라도 함께 영화를 보러 가고 싶게 하려면?

미래의 관점에서 퇴직 후 길거리에서 우연히 만난 직원의 태도를 미리 생각해보는 상사와, 아무 생각 없이 현재의 관점에서 그냥 열심히 일만 하는 상사. 부하직원이 실수했을 때 두 사람은 태도가 같을까요? 다를까요? 요양병원에 입원했을 때 자식이 면회를 오고 싶어할지 아니면 마지못해 명절 때나 찾아올지를 가끔씩 떠올리는 부모와 그렇지 않은 부모. 아이가 엉망인 성적표를 받아왔을 때 아이에게 보내는 시선과 표정, 말투, 그리고 선택하는 어휘가 같을까요? 다를까요?

Think & Action!

지금 이대로 살 때

30년 후

나의 가족관계, 건강 상태 및 직업과 재정 상태는?

이중 한 가지만 골라서

내가 바라는 30년 후의 모습을 생각해보고,

그런 미래를 위해 지금 무엇을 해야 하는지 찾아보자.

이 일을 선택하면
어떤 일이 일어날까?

10분 뒤와 10년 후를 동시에 생각하라
– 피터 드러커

큰아이가 카투사로 군복무를 할 때의 일입니다. 휴대폰 요금이 정말 장난이 아니었습니다. 적게는 20만 원, 많게는 30만 원 가까이 나오더라고요. 저는 그때마다 전화요금도 요금이지만 시시껄렁한 통화를 하느라 낭비하는 시간이 얼마나 아까운지를 생각해보라고 얘기했습니다. 그러면 아이는 곧바로 자기 잘못을 인정합니다.

그러면서 "다음 달부터는 절대로 5만 원 이상 넘지 않도록 할 게요" 하고 다짐합니다. 그런데 다음 달 요금도 마찬가지입니다. 이번에도 아이는 곧바로 자기 문제를 인정합니다. 그럴 수밖에 없었던 이유도 설명합니다. 그럼에도 저는 그다음 달 역시 비슷한 액수의 청구서를 받습니다.

비효과적인 방법을 반복하지 마라

그러다 어느 순간 제가 임상심리학자가 아니라, 아인슈타인이 말한 것처럼 같은 방법을 반복하면서 다른 결과를 기대하는 정신병자일지도 모른다는 생각이 들었습니다. 비효과적인 방법을 반복하고 있었으니까요.

그러던 어느 날 통신사로부터 택배 하나가 배달되었습니다. 깜찍하게 생긴 아이스박스였는데, 예쁜 카드도 들어 있었습니다. 알고 보니 VIP 고객에게 보내는 선물이었습니다.

"오랫동안 ○○텔레콤을 사랑해주신 고객님께 전 임직원의 정성을 모아 작은 선물을 보내드립니다. 앞으로도 저희 OO텔레콤은 정성을 다하는 고객 서비스로 고객님의 기대에 부응할 수 있도록 최선의 노력을 다하겠습니다. 고객님의 가정에 행복이 가득하길 기원하며 변함없는 관심과 성원을 부탁드립니다."

이 문구를 보고 제가 화가 나겠습니까? 안 나겠습니까? 그렇지만 아무리 화가 나도 정신병자가 되지 않으려면 비효과적인 방법을 반복하면 안 되겠죠? 해결책의 범위를 넓혀야겠죠? 그래서 앞에 말씀 드린 닻 내리기 기법을 활용해서 지금까지 해온 방법과는 다른 해결책을 10가지 이상 찾아보기로 했습니다.

① 전화를 걸어 당장 해지하지 않으면 가만두지 않겠다고 소리 지른다. ② 앞으로 집에 들어올 생각 하지 말고 아예 보따리 싸서 나가라고 야단친다. …… ④ 아이에게 망치를 주면서 휴대폰과 아이스박스를 부수라고 명령한다. ……

저는 제 학생들에게 인생을 망치는 두 가지 방법이 있다고 말해줍니다. 하나는 생각만 하고 실천하지 않는 것. 또 하나는 생각 없이 실천하는 것. 그러니까 해결책을 찾았다고 해서 곧바로 실천해버리면 안 되겠죠? 생각 없는 실천은 재앙을 부를 수 있기 때문에 멈추고 생각할 시간을 갖기로 했습니다. '이 일을 선택하면 어떤 일이 일어날까? 그리고 그 일은 어디로 이어질까……'

앞에서 찾아낸 해결책을 하나씩 하나씩 검토해보기로 했습니다. 우선 '아이에게 망치를 주면서 휴대폰과 아이스박스를 부수라고 명령한다. 만약 그렇게 하지 않으면 내가 망치로 휴대폰과 아이스박스를 박살내버린다.' 이 일을 선택하면 어떤 일이 일어날까? 그리고 그 일은 어디로 이어질까?

제 아이는 겁이 좀 많은 편입니다. 제가 망치를 들고 휴대폰과 아이스박스를 박살내면 아이는 얼굴이 하얗게 질릴 것입니다. 그러면서 겁먹은 표정으로 이렇게 말하겠죠.

"아빠, 잘못했어요. 지금 당장 해지할게요." 그렇게 하면 다음 달 휴대폰 요금은 0원이 될 것입니다. 정말 효과적인 방법이죠. 하지만 그 일은 어디로 이어질까요? 조금 과장하자면 제 아이는 그 일로 휴대폰 공포증에 걸리거나 외상 후 스트레스 장애를 겪게 되고 저와 아주 멀어져버릴지도 모릅니다.

멈추고 생각해본 결과, 제가 생각해낸 이런저런 아이디어 모두 바람직한 선택이 아니었습니다. 그래서 다시 해결책을 찾기 시작했습니다.

제발 멈추고 생각 좀 하자

고민 끝에 제가 새로 찾아낸 해결책은 바로 이것입니다. 괜찮은 선택이라 생각되어 여러분에게도 소개해드립니다. 아이에게

배달된 아이스박스를 디지털카메라로 찍었습니다. 그리고 A4
용지에 옮겼습니다. 제목도 붙였습니다. 'Stop & Think!' '○○
야, 제발 멈추고 생각 좀 하자.' 이런 의미죠.

아이스박스 사진 밑에 좀 근사하게 보이려고 영어로 적
었습니다. "PLEASE, MAKE QUESTIONS AS MANY AS
POSSIBLE!" "가능한 질문을 많이 만들어봐라!"는 뜻입니다. 아
빠가 질문 세 가지씩을 만들었으니 너는 더 많은 질문을 찾아
봐라, 이런 의미로 말이죠.

그리고 그 아래에 제가 학생들에게 늘 강조하는 질문 세 가
지, 'Why? What? How?'를 적고 그 아래에 세 가지 질문을 적
었습니다.

Stop & Think!

"PLEASE, MAKE QUESTIONS AS MANY AS POSSIBLE!"

1. Why?
① 통신회사 임직원들은 왜 나에게 정성을 모아 이 선물을 보냈을까?
② 나는 왜 이런 예쁘고 깜찍한 선물을 받아야만 하는가?
③ 통신회사는 왜 고객의 가정에 행복이 가득하길 기원할까? 그건 진심일까?

2. What?
① 이 깜찍한 선물이 내게 가르쳐주는 바는 무엇일까?
② 임직원들이 정성을 모아 선물을 보낸다고 했는데 그건 무엇을 의미할까?
③ 아빠는 다른 일도 많은 것 같은데 무엇 때문에 이런 걸 만드셨을까?

3. How?
① 어떻게 하면 통신회사의 정성에 보답할 수 있을까?
② 그들이 기원하는 것처럼 행복이 가득한 가정을 꾸리려면 지금부터 어떻게 해야 할까?
③ 이 선물을 가장 소중하게 활용하는 방법은 무엇일까?

휴대폰 요금에 대해서는 한마디도 안 했습니다. 단지 질문만을 적었습니다. 그걸 아이스박스에 붙여놓고 외출했다가 들어온 아들에게 "이거 통신회사에서 보내온 택배다"라고 말해주고는 제 방으로 들어갔습니다. 조금 후 아이가 제 방으로 오더니 이렇게 말했습니다.

"아빠, 정말 죄송합니다. 제대 2개월밖에 안 남았는데 당장 휴대폰 해지할게요. 그리고 복학하면 휴대폰이 필요할 테니까 그때는 선불카드를 사서 3만 원 이내로 줄일게요. 앞으로는 절대 약속을 어기는 일이 없도록 할게요." 그래서 물었습니다. "내가 어떻게 네 말을 믿지?" 그러자 아이는 이렇게 대답했습니다.

"아빠가 이렇게까지 정성을 들이시는데 제가 어떻게 또 약속을 어겨요? 또 어기면 사람이 아니죠." 그래서 제가 말했습니다. "좋아, 한 번만 더 믿어보마."

그러자 아이가 해맑은 표정으로 이렇게 물었습니다. "그런데 아빠는 어떻게 이렇게 재미있는 아이디어를 생각해냈어요?" 그래서 대답해줬습니다. "너는 재미있니? 아빠는 머리가 터질 것 같다."

그러면서 말해줬습니다. "아빠는 이 아이스박스 그대로 잘 보관해놨다가 네가 결혼해서 자식을 낳고, 그 아이가 말귀를 알아들을 때쯤 불러놓고 이렇게 말해줄 생각이다.

'이건 네 아빠가 스물세 살 때, 그러니까 카투사 병장 때다. 우리나라 최대 규모를 자랑하는 통신사의 전 임직원이 정성을 모아 네 아빠에게 선물을 보냈다. 네 아빠 얼마나 훌륭한 분이니?' 하고 말이다." 듣고 있던 아들이 이렇게 말했습니다. "아빠, 진짜로 약속 지킬게요. 정말 죄송합니다."

그냥, 아빠 생각이 나서……

다행히 아들은 그 약속을 지켰습니다. 제대 후 복학하고, 중국어와 국제경영을 전공해서 중국 시안으로 어학연수를 갔는데 가끔씩 이런저런 소식을 메일로 보내주었습니다. 중국에서 돌아오기 직전에 제게 보내준 메일은 지금도 기억하고 있습니다.

"아빠, 시안은 벌써 추워졌어요. 아빠랑 같이 입던 검은색 패딩을 입고 있는데, 아빠 생각이 났어요. 아빠는 지금 무엇을 입고 무얼 하고 계실까? 그냥 아빠 생각이 나서 몇 자 적었어요. 서울 가서 봬요."

'그냥 아빠 생각이 나서'라는 대목에 코끝이 찡해지면서 눈물이 나려고 했습니다. 제가 만약 망치로 아이의 휴대폰과 아이스박스를 박살내버렸다면 이런 메일을 받을 수 있었을까요? 저는 불가능하다고 생각합니다. 그 일을 통해 저는 많은 것을 깨달았습니다. "망치처럼 즉각적인 효과를 내는 선택을 하면 돌이킬 수 없는 후회가 따를 수 있다"는 깨달음이 그중 하나입니다.

우리가 0.5초도 안 걸려서 보내는 시선과 눈빛, 말 한마디도 그냥 사라지는 법은 없습니다. 민들레 홀씨처럼 날아가 반드시 누군가에게 영향을 미칩니다. 그리고 더 끔찍한 사실은 반드시 부메랑이 되어 우리에게 되돌아온다는 것입니다.

모든 선택에는 반드시 즉각적인 결과가 있습니다. 그리고 그 일은 거기서 끝나는 것이 아니라 5년, 10년, 아니 50년 후로도 이어집니다. 그래서 망치처럼 즉각적인 효과를 내는 선택을 하고 싶을 때는 잠시 멈추고 생각할 시간을 가져야 합니다. 이 일을 선택하면 어떤 일이 일어날까? 그리고 그 일은 어디로 이어질까? 우리가 지금 선택한 이 작은 일이 훗날 얼마나 큰 **나비효과**를 만들어낼지 그것은 아무도 모릅니다.

나비효과 Butterfly Effect   MIT공대 기상학과 E. N. 로렌츠 교수가 1972년에 쓴 논문 〈아마존의 나비 한 마리의 날갯짓이 텍사스에 토네이도를 만들 수 있을까?〉에서 유래한 용어. 초기의 작은 차이가 시간이 지나면서 엄청난 결과를 만들어낼 수 있다는 기상학 이론이다. 지금은 개인의 삶이나 비즈니스에서 작은 차이의 위력을 강조할 때 보편적으로 사용하는 용어가 되었다.

그 후 언젠가 저는 아들에게 이렇게 말했습니다. "우리 아들 덕택에 아빠가 좀 더 인내심 있는 심리학자가 될 수 있었던 것 같다. 너, 아빠를 멋진 심리학자로 만들어주기 위해 의도적으로 기획한 거지?" 요즘은 어릴 때부터 저에게 이런저런 이야깃거리를 많이 제공해준 아들이 더없이 사랑스럽고 소중하게 느껴집니다.

그 문제의 아이스박스는 아직도 저희 집에 잘 보관하고 있습니다. 손주 녀석이 철이 들 때쯤 아들과 약속한 대로 손주에게 아이스박스를 보여주면서 거기에 얽힌 사연을 얘기해줘야겠습니다.

Think & Action!

인생은 점들의 연속이다.

자녀에게 화가 날 때, 잠시 멈추고

생각할 시간을 가져보자.

지금까지 해왔던 즉흥적인 반응은 무엇이며,

그 일을 선택하면 20년, 30년 후

어떤 일로 이어질 것 같은가?

거리를 두고 보면
생각이 달라진다

아이를 야단치지 마라, 우리가 왔던 길이요. 노인을 비웃지 마라, 앞으로 우리도 가야 할 길인데.
– 에이 로쿠스케

혹시 운전하다가 갑자기 다른 차가 끼어들어 사고가 날 뻔했을 때 욕이 목구멍까지 올라오거나 경적을 세게 누른 경험이 있지 않았나요? 쫓아가서 급브레이크를 밟아주고 싶지는 않았나요? 그런데 그런 상황에서 보복운전을 하다가 큰 사고를 내거나 폭력을 휘두르는 난폭한 사람을 보면 어떤 생각이 드시죠?

그런 사람을 보면 한심하게 여기다가도 막상 자신이 그 상황에 처하면 생각이 달라지곤 합니다. '지나고 나면 정말 아무것도 아닌 일인데 그때는 왜 그리 화가 나고 속이 상하는지……' 그렇게 흥분했던 일도 시간이 지나면 사소하게 느껴집니다. 똑같은 일도 시간이 지나면 왜 그렇게 다르게 느껴질까요? 심리적 거리가 다르기 때문입니다.

천장에 붙어 있는 파리가 되어

자녀를 키울 때도 마찬가지입니다. 아이 키우다 보면 속상할 때가 많으시죠? 그래서 호들갑을 떨면서 흥분하다가도 나중에 후회할 때도 많으시죠? 지나치게 예민하게 반응하지 않도록 예방하는 방법이 있습니다. **자기 거리두기**입니다. 살면서 겪게 되는 여러 가지 괴로움은 이 거리두기 실패에서 비롯되는 경우가 많습니다.

자기 거리두기 Self-Distancing   자기 거리두기란 자기 빠져들기와 반대되는 개념이다. 거리두기는 자신의 경험과 감정에 빠져들지 않고, 심리적 거리를 유지함으로써 객관성을 유지하면서 부정적 감정을 덜어주고 고통으로부터 벗어나게 해준다.

자기 거리두기는 두 가지 방식으로 가능합니다. 첫째, '**공간적 거리두기**'입니다. 공간적 거리두기란 제3자가 되어 자기 자신과 거리를 두고 멀리서 객관적으로 관찰하는 것을 말합니다. 좀 어렵나요? 그러면 이렇게 생각해보면 어떨까요?

예를 들어 자녀와 다투거나, 자녀 때문에 화가 날 때 자신이 잠시 천장에 붙어 있는 파리라고 상상하는 것입니다. 파리의 눈으로 자기 자신을 바라보는 겁니다. 파리가 나를 지켜보면서 무슨 생각을 할지, 그리고 우리에게 어떤 말을 해주고 싶을지 상상해보는 겁니다.

그러면 이런 생각이 들 수도 있겠죠? '어, 별일 아닌데, 당신이 너무 흥분한 거 같아. 애가 주눅이 들어 있잖아. 일단 아이 얘기를 들어봐. 아이에게도 사정이 있다고. 그러니 너무 일방적으로 아이를 몰아붙이지 마.' 이렇게 가끔 천장의 파리가 되어 나 자신을 멀리서 바라보면 지나치게 흥분하거나 나중에 후회할 일이 그만큼 줄어들 수 있습니다.

둘째, '**시간적 거리두기**'입니다. 우리가 지금 일어난 일에 지나치게 예민하게 반응하는 것은 그 일을 현재의 관점에서만 바라보기 때문입니다. 어떤 일 때문에 견딜 수 없이 화가 날 때 잠깐 멈추고 속으로 이렇게 질문해보십시오. '이 일이 10년, 20년 후, 죽을 때에도 지금처럼 중요하게 느껴질까?' '그렇다면 나는 지금 어떤 말과 행동을 선택해야 할까?'

거리를 두면 감정 조절이 쉬워진다

거리를 두고 미래의 관점에서 현재 상황을 바라보면 모든 일이 사소하게 느껴집니다. 심리적 거리두기가 가능한 것은 인간만이 가진 유일한 능력, 초월 능력 덕분입니다. 우리는 상상력을 동원해서 공간적으로 자리를 이동할 수 있고, 시간적으로는 10년, 20년, 30년 후의 미래로 가볼 수도 있습니다.

살다 보면 누구나 괴로운 일, 속상한 일, 슬픈 일을 겪습니다. 견딜 수 없이 괴로운 일도 거리를 두고 멀리서 보면 인생의 작은 점에 불과합니다. 실제로 여러 연구 결과에 따르면 거리두기를 유연하게 할 수 있는 사람은 상처에서 더 빨리 회복되고, 감정 통제를 더 잘하는 것으로 밝혀졌습니다.

아이가 연락도 없이 밤늦게 귀가했다고, 성적이 나쁘다고, 대학에 떨어졌다고 화내고 흥분하고 슬퍼하고 울고불고하지만 지나고 나면 별일 아닌 경우가 태반입니다. 오히려 입시에 떨어졌기 때문에 다행이라는 생각이 들 때도 있습니다.

저만 해도 정치외교학과를 지원했다가 낙방했는데 만약 그대학 그 학과에 입학했다면 저는 심리학을 전공할 수 없었을 것이고, 교수가 될 수도 없었을 것이며, 책을 쓰지도 못했을 것입니다. 지금 생각하면 불합격한 게 얼마나 다행인지 모릅니다.

우리 아이들도 처음에 원했던 대학과 학과에 입학했다면 어땠을까요? 돌이켜보니 저도 그렇고, 아이들도 그렇고 가장 원했던 대학에 불합격한 게 그렇게 다행일 수 없습니다. 영화 〈사운드 오브 뮤직〉에 이런 대사가 나옵니다. "주께서는 한쪽 문을 닫으실 때, 다른 문을 열어놓으신다."

맞습니다. 아무리 절망적인 상황이라도 어떻게든 거기서 벗어날 길이 있습니다. 그런데 우리는 닫힌 문만 바라보느라 우리를 위해 열려 있는 다른 문을 보지 못할 때가 많습니다. 자녀 문제도 마찬가지입니다. 거리를 두고 생각해보면 얼마든지 지혜로운 해결책을 찾아낼 수 있는데 눈앞의 일에만 매달리다 보니 나중에 후회할 때가 많습니다.

모든 것은 지나간다

일본의 경영 컨설턴트인 오마에 겐이치는 이런 말을 했습니다. "서른 즈음의 일이다. 앞으로 몇 번 저녁식사를 하게 될까? 계산해보았더니 1만 8천 번이라는 답이 나왔다. 1만 8천 번이라 할지라도 결국은 유한하다는 것을 알고부터 저녁식사를 대충하지 않게 되었다. 다음 저녁은 누구와 어디에서 먹을지 항상 신중하게 계획한다."

우리는 앞으로 자녀와 몇 번이나 함께 저녁을 먹을 수 있을까요? 천 번? 만 번? 아닙니다. 생각처럼 그리 많지 않습니다. 대학에 들어가고 취업을 하고 결혼을 하면 한 달에 한 번도 같이 먹기 어렵습니다.

아이들이 커서 멀리 떨어져 살면 백 번도 안 될지 모릅니다. 설사 천 번, 만 번이 된다고 해도 결국은 유한하며, 횟수는 점점 줄어들 뿐입니다. 그러니 너무 작은 일로 소중한 에너지와 시간을 낭비하면 안 되겠죠?

찰리 채플린은 "인생이란 가까이서 보면 비극이고, 멀리서 보면 희극이다"라고 말했습니다. 비극을 희극으로 만들려면 어떻게 해야 할까요? 간단합니다. 멀리서 거리를 두고 보면 됩니다. 이것이 바로 공간적, 시간적 거리두기의 장점입니다.

길게 보면 모두 사소한 일입니다. 작은 일에 너무 일희일비할 필요가 없습니다. 감사하는 마음을 유지하고, 불쾌한 감정을 떨

처버리고 조금 더 너그러운 사람이 되는 가장 효과적인 방법은 거리를 두고 길게 보면서 '모든 것은 지나간다'는 진리를 받아들이는 것입니다.

딸이 중학생 때 동영상이 되는 MP3플레이어를 사달라고 졸랐습니다. 저는 이런저런 이유를 대면서 거절했습니다. '차를 타고 다니면서 동영상을 보면 시력이 나빠진다, 공부한 내용을 머릿속으로 정리해보거나 조용히 생각하는 시간을 갖는 것이 더 낫다'는 등의 이유를 달면서요.

그런데 어느 순간 이런 생각이 들었습니다. '아무리 갖고 싶었던 것도 시간이 지나가면 시들해진다.' '아무리 조르던 아이도 시간이 지나가면 더 조르지 않는다.' 그러면 훗날 이렇게 후회할지 모릅니다. '그때 사줄걸. 그토록 갖고 싶어했는데……'

그래서 딸에게 MP3플레이어를 사주면서 그 이유를 말해줬습니다. "'모든 것은 지나간다'는 생각이 들었다, 그리고 훗날 아빠가 우리 딸에게 '~했더라면' 하고 후회할지도 모른다는 생각도 들었어. 그래서 사주기로 했다" 이 말에 딸아이가 제 눈을 가만히 들여다보면서 이렇게 말했습니다. "아빠, 고마워. 아빠가 내 아빠라는 게 정말 고마워."

"물이 있다는 사실을 가장 나중에 알게 되는 건 물고기"라는 중국의 속담처럼 우리가 습관적으로 저지르는 문제 행동은 의외로 우리 자신만 모르는 경우가 많습니다. 자신을 제대로 이해하고 후회 없는 선택을 하려면 한 걸음 물러나서 롱샷으로 상황을 바라볼 필요가 있습니다.

| **Think & Action!** |

아이와 다투거나

심하게 혼낸 일 한 가지를 떠올려보자.

천장에 붙은 파리가 되어 내가 했던 말과 행동을 관찰해본다면?

10년 후의 내가

지금 하고 있는 말과 행동을 회상한다면?

소감과 변화를 글로 적어보자.

자녀에게 줘야 할
가장 좋은 선물은?

현대인이 가장 두려워하는 것은 '의미 없는 삶을 살았다'고 스스로 확인하는 순간이다.
– 리처드 라이더

생텍쥐페리의 《어린 왕자》 다들 아시죠? 사실 이 책은 어른들이 읽어야 하는 동화입니다. 그 책에 보면 여우와 어린 왕자가 우정에 대해 이야기를 나누는 장면이 나오는데 여우가 이렇게 말합니다. "네가 오후 4시에 온다면 나는 오후 3시부터 행복해지기 시작할 거야." 정말 아름다운 문장이죠? 이 문장을 우리에게 그대로 끌어와 볼까요?

밖에 나갔다가 아이에게 전화를 하는 겁니다. "엄마, 오후 4시에 집에 들어갈게." 그럴 때 우리 아이들은 세 부류로 깔끔하게 정리가 되겠죠?

첫 번째 부류, 극소수이긴 하겠지만 '엄마는 나가셨으면 저녁까지 먹고 오시지……' 하며 오후 3시부터 짜증을 낸다. 정말 슬픈 일입니다. 두 번째 부류, '엄마가 4시에 오신다고? 오셔도 좋고 안 오셔도 그만이고……' 이것 역시 슬픈 일이죠. 그런데 대부분의 아이들은 여기에 해당합니다. 세 번째 부류, '엄마가 4시에 오신다고? 4시에 친구와 약속이 있는데 친구에게 얼른 문자 보내야지.' '아무개야 미안해. 내가 조금 늦을 거 같아. 엄마가 4시에 오신다니까 엄마 얼굴만 잠깐 보고 나갈게.' 우리는 어느 쪽을 향해서 가야 할까요?

여러분이 직장 상사인 경우라도 마찬가지겠죠? 밖에 나갔다가 사무실에 전화를 하는 겁니다. "오후 4시에 사무실로 들어갈게." 그러면 직원들은 깔끔하게 세 부류로 정리되겠죠?

첫 번째 부류, '부장님은 나가셨으면 바로 퇴근하시지 왜 다시 들어오시냐고!' 하며 오후 3시부터 짜증을 내기 시작한다. 정말 슬픈 일이죠? 두 번째 부류, '오셔도 그만, 안 오셔도 그만.' 이것 역시 슬픈 일입니다. 세 번째 부류, '부장님이 4시에 들어오신다고? 오늘 미세먼지가 많다고 하는데 모과차를 준비해둘까?' 우리는 어느 쪽을 지향해야 할까요?

자녀를 포함해서 누군가에게 의미 있는 존재가 되기 위해서
반드시 거창한 노력이 필요한 것은 아닙니다. 아주 작은 일로도
우리는 얼마든지 기대치를 위반해 상대방을 감동시킬 수 있고,
그 사람에게 의미 있는 존재가 될 수도 있습니다.

미리 본 자신의 늙은 아바타

'10년, 20년, 30년 후 과연 내가 원하는 삶은 어떤 모습일까?'
'나는 가족에게 어떤 존재로 기억되고 싶은가?' 이렇게 미래를
상상하는 것만으로도 현재의 행동을 바꿀 수 있습니다.

심리학자 할 어스너와 허시필드 교수는 스탠퍼드대학 학생들
을 대상으로 한 가지 실험을 했습니다. 실험에 참여한 대학생
250명이 거울이 설치된 실험실로 안내되었습니다. 한 집단의 학
생들은 거울 속에서 현재 그대로의 모습을 보았고, 다른 집단은
가상현실 카메라를 이용하여 거울 속에서 머리가 빠지고 얼굴
에는 검버섯이 여기저기 피고, 쭈글쭈글하게 늙은 미래의 자기
모습을 보았습니다.

긴 시간도 아닙니다. 딱 3분 후 두 집단에게 설문지를 나눠주
었습니다. 이 설문에는 '은퇴 후를 위해 저축을 얼마나 하겠는

가?'라는 질문도 포함되어 있었습니다. 분석 결과는 어땠을까요? 자신의 늙은 모습을 본 집단은 다른 집단에 비해 저축 계획의 규모가 무려 200%나 더 높았습니다. 가상현실을 통해 자신의 늙은 모습을 목격하는 것만으로도 노후 대비 저축률이 달라질 수 있음을 증명한 것입니다.

10년 후 미래를 바꾸는 것, 결코 어렵지 않습니다. 하루 1%면 충분합니다. 하루 1%는 몇 분일까요? 24시간 × 60분 = 1440분, 그 1%는 단 15분에 불과합니다. 하루 15분만 투자하십시오. 그리고 10년 후 미래로 미리 가서 원하는 모습을 그려보십시오. 그 미래를 위해 지금 할 수 있는 작은 일을 찾아보십시오.

그리고 작은 일 한 가지만이라도 그날 밤 12시가 넘어가기 전에 실천하십시오. 두 가지도 필요 없습니다. 하루에 하나씩만 실천하십시오. 오늘도 내일도 모레도…… 하루 한 가지씩만 실천해보십시오. One day! One thing! 그러면 1년도 되기 전에 완전히 달라진 자신을 발견할 것입니다. 10년도 되기 전에 다른 세상을 만나게 될 것입니다.

하지만 많은 사람들이 이 어렵지 않은 일을 실천하지 않기 때문에 노후에 어려운 삶을 살게 됩니다. 노자는 《도덕경》에서 이렇게 말했습니다. "세상의 어려운 일은 쉬운 일에서 비롯되고, 세상의 모든 큰일은 작은 일에서 시작한다."

~을 해냈다면 ~도 할 수 있다

자녀와의 관계 개선도 마찬가지입니다. 많은 부모들이 바꿔야 한다는 것은 알지만 뭐부터 바꿔야 할지 몰라 아예 시도조차 못하고 있습니다. 변화를 원한다면 너무 작아서 실패하기가 어려운 그런 작은 일부터 시작해야 합니다.

예를 들어 아빠가 '지난번에 너무 화내서 미안해!' 이런 문자를 보내보는 겁니다. 그러면 우리 마음속에 이런 마음이 자리 잡게 됩니다. '~을 해냈다면 ~도 할 수 있다.' 그러면서 지금까지 시도하지 못했던 많은 변화를 시도할 수 있게 됩니다. 이런 것을 심리학에서는 **반응 일반화**라고 합니다. 그러니 일단 작게 시작하면 됩니다.

> **반응 일반화** Response Generalization   한 가지 새로운 행동을 학습하게 되면 이와 관련한 여러 가지 새로운 행동을 더 쉽게 학습하게 된다는 학습전이 원리. 예를 들어 덧셈의 원리를 깨우치면 뺄셈이나 나눗셈도 쉽게 할 수 있는 것과 같다. 이는 자기 효능감과 자신감의 기초가 된다.

그런데 아직도 어떻게 시작해야 할지 막막하신가요? 그렇다면 제 책을 읽은 독자들이 보내주신 작은 실천 사례 몇 가지를 소개해드리겠습니다. 먼저 한 주부의 사연입니다.

"항상 가깝다는 이유로 짜증만 부렸던 신랑에게 문자 한 통을 보냈습니다. '우리 가족을 위해 항상 열심히 일하는 당신, 고맙습니다.' 정말이지 오랜만에 해보는 감사 인사였습니다. 그런데 왜 그동안 그렇게 살지 못했을까요?"

여러분은 배우자의 월급날, 월급 세리머니를 하시는지 모르겠네요. 제 주변에서는 거의 안 하는 것 같던데요. 왜 그럴까요? 당연하게 여기기 때문이겠죠? 당신도 벌고, 나도 버니까. 또는 당신은 밖에서 벌지만, 나는 집에서 살림하니까. 그러나 여기에는 중대한 함정이 있습니다.

상담을 하다 보면 불행한 가정의 공통점이 있습니다. 뭐든 당연하게 여깁니다. 반면 행복한 가정의 공통점이 있습니다. 당연한 일 속에서 감사한 일을 찾아내서 어떤 식으로든 표현하고 보답하려 합니다.

이번 달 월급날에는 월급 세리머니를 한번 시도해보십시오.

"여보, 한 달 동안 우리 가족을 위해 일하느라 고생 많았어요. 그래서 오늘 맛있는 삼겹살을 사왔어요. 일찍 들어오세요." 사실 메뉴가 뭔지는 별로 중요하지 않습니다. 감사하게 생각해주는 아내 또는 남편이 얼마나 고맙겠습니까?

구명조끼와 산소마스크는 부모가 먼저

자녀를 사랑하시죠? 어머니가 자녀에게 줄 수 있는 최고의 사랑은 무엇일까요? 아이들의 아버지를 존경하는 것입니다. 그렇다면 아버지가 자녀에게 줄 수 있는 최고의 사랑은 무엇일까요? 말할 필요도 없습니다. 그들의 어머니를 사랑하는 것입니다.

하지만 이런 경우도 있더라고요. 얼마 전 아는 부부를 만날 일이 있었는데, 그 엄마는 아들이 군 입대 영장을 받은 날부터 눈물이 나더라는 겁니다. 그러면서 남편에게 "여보, 당신이 대신 군대 좀 가면 안 돼?" 이렇게 말했다고 합니다. 물론 농담이겠지만, 왠지 좀 슬프죠? 그건 자식을 진정으로 사랑하는 모습이 아니죠?

가정에서
마음이 편안하면
어느곳을 가든
축제를 만날수 있다
-인도속담

이번에는 남편이 아내에게 실천한 사연입니다.

"아내에게 '당신하고 결혼한 거 진짜 잘한 거 같아. 당신이 있어서 좋아'라고 문자를 보냈더니 답문자가 왔습니다. '당신 혹시 무슨 사고 친 거 아냐?' 그래서 '연습이야'라고 문자를 보내고 집에 가서 오늘 강의를 듣고 깨달은 것을 바로 연습해봤다고 설명해줬습니다. 그 작은 일로 어젯밤은 정말 화기애애했습니다. 이런 작은 일로 교수님이 말씀하신 나비효과가 일어나겠죠? 실천할 수 있는 기회를 주셔서 감사합니다."

엄마와 아빠가 이렇게 사이좋게 지낸다면 자녀에게 이보다 더 큰 선물은 없겠죠? 부모가 자녀에게 줄 수 있는 최고의 선물은 사이 좋은 부부의 모습을 보여주는 것입니다.

1979년 노벨평화상을 받은 테레사 수녀님에게 어떤 기자가 질문했습니다. "수녀님, 저희처럼 평범한 사람이 세계 평화를 위해서 할 수 있는 일은 무엇일까요?" 수녀님은 뭐라고 대답하셨을까요? 이렇게 말씀하셨습니다. "집으로 가십시오. 그리고 가족을 사랑하십시오." 정말 백 번 들어도 지당한 말씀 아닌가요?

세상의 많은 문제들은 가정에서 시작됩니다. 그리고 가정의 문제는 부부 문제에서 출발합니다. 자녀와 좋은 관계를 맺고 싶다면 우선 좋은 부부 관계를 유지해야 하고, 자녀에게 좋은 부모가 되고 싶다면 부부 사이가 좋아야 하지 않을까요?

비행기를 타면 승무원이 비상시에 구명조끼와 산소마스크는 본인부터 착용하고 나서 다른 사람을 도우라고 안내합니다. 가정에서도 마찬가지입니다. 부모가 아이에게 해줄 수 있는 최고의 선물은 부모가 사이좋게, 즐겁게 사는 모습을 보여주는 것입니다. 저는 이것을 '역효도'라고 합니다.

사실 공자님도 테레사 수녀님과 비슷한 말씀을 하셨습니다. 근자열 원자래(近者說 遠者來). '가까이 있는 사람을 즐겁게 하면 멀리 있는 사람이 찾아온다'는 뜻입니다. 우리가 어디서 무엇을 하건 다른 사람을 감동시키고 그로 인해 성과를 내고 싶다면 가장 가까운 가족, 자식부터 감동시킬 수 있어야겠죠? 거창한 일이 아니라 아주 작은 일부터 말입니다.

Think & Action!

아빠가 자녀에게 줄 수 있는 최고의 사랑은

아이들의 엄마를 사랑하는 것이고,

엄마가 자녀에게 줄 수 있는 최고의 사랑은

아이들의 아빠를 존경하는 것이다.

아이들을 위해 오늘 안으로 배우자에게

해줄 수 있는 작은 일은 무엇인가?

부탁하라, 그러면
사이가 더 좋아질 것이다

사람들은 자신에게 친절을 베푼 사람보다 자기가 친절을 베푼 사람을 더 좋아한다.
– 서양 속담

조금 전에 자녀를 위해 부부간의 관계를 개선할 때도 작게 시작하는 것이 중요하다고 말씀드렸습니다. 이번에는 시집간 딸이 나이 든 아버지에게 실천한 내용입니다.

"교수님의 책, 《끌리는 사람은 1%가 다르다》 중에 '내가 감사하게 느낄 때'라는 부분에서 '딸이 미안해하면서 용돈을 달라고 할 때'라는 대목을 읽다가 지금은 제가 용돈을 드리고 있는 나이 든 아빠에게 전화를 걸어 용돈을 받고 싶다고 말했습니다. 그리고 항상 고맙고 사랑한다고 말했습니다. 아빠가 얼마나 기뻐하시던지요……."

서두에서 우리나라 대학생들이 부모님께 가장 하기 힘든 말이 '사랑한다'는 말이라고 말씀드렸습니다. 대학생 자녀만 그러겠습니까? 부모들 역시 그들의 나이 드신 부모에게 가장 하기 힘든 말이 '사랑한다'는 말일 것입니다.

부모님에게 사랑한다는 말을 하는 것이 가장 어렵다는 자녀를 위해서라도 우리 부모님부터 먼저 마음속에 담아두고 있는 아름다운 생각들을 표현하는 연습을 해야 합니다. 부모님과 배우자의 부모님에게 사랑한다고 표현하면 옆에서 지켜보는 자녀에게도 그런 따뜻한 사랑이 전해질 것입니다. 그리고 자녀도 자연스럽게 우리에게 사랑한다고 말할 수 있게 될 것입니다.

사람은 자기에게 부탁하는 사람을 좋아한다

많은 분들이 효도를 '자식이 부모를 위해 뭔가 챙겨드리는 것'이라고 생각합니다. 하지만 자식이 부모님에게 작은 뭔가를 부탁하는 것은 더 큰 효도가 될 수 있습니다. 왜냐하면 인간은 자기에게 호의를 베풀어준 사람보다 자기가 호의를 베푼 사람을 더 좋아하는 경향이 있기 때문입니다. 이처럼 자기에게 도움을 준 사람보다 자기가 도움을 준 사람을 더 좋아하는 심리를 **벤저민 프랭클린 효과**라고 합니다.

벤저민 프랭클린 효과, 상식적으로 이해가 잘 안 되시죠? 몇 가지 이유가 있습니다. 첫째, 도움을 요청할 때는 상대가 친절하고 정중한 태도를 보이기 때문입니다. 사람은 자기에게 친절하고 정중한 사람을 좋아합니다. 둘째, 믿어주고 존중받는 느낌을 받기 때문입니다. 부탁은 그 부탁을 들어줄 만한 가치가 있는 사람에게 하게 되고, 사람은 자기를 인정해주는 사람을 좋아합니다. 셋째, 자기가 투자한 만큼 좋아하기 때문입니다. 사람은 자신이 노력한 만큼 상대를 좋아합니다. 자식의 부모 사랑보다 부모의 자식 사랑이 더 큰 것도 바로 이 때문입니다.

> **벤저민 프랭클린 효과** Benjamin Franklin Effect   자기에게 친절을 베푼 사람보다 자기가 친절을 베푼 사람을 더 좋아하는 심리를 말한다. 벤저민 프랭클린이 펜실베이니아 주 의원으로 있을 때, 정적을 자기편으로 만들기 위해 선물을 하거나 아첨을 하기보다 정적에게 귀한 책을 빌려달라고 부탁해서 그 정적을 평생 친구로 만들었다는 일화에서 유래한다.

벤저민 프랭클린이 펜실베이니아 주 의원으로 활동할 때의 일입니다. 틈만 나면 프랭클린의 험담을 하는 정적이 있었습니다. 프랭클린은 그와의 관계를 개선하고 싶었지만 정공법을 써서 화해를 청해봤자 효과가 없을 것이라고 판단해 우회 전략을 구사했습니다.

어느 날 프랭클린은 그 의원에게 "매우 진귀한 책을 소장하고 있다는 소문을 들었습니다. 미안하지만 그 책을 며칠만 빌려주실 수 있겠습니까?"라고 정중하게 부탁하는 편지를 보냈습니다. 편지를 받은 의원은 그런 정중한 부탁을 거절할 수 없어 그 책을 빌려줬습니다. 프랭클린은 며칠 뒤 진심을 담은 장문의 감사 편지와 함께 책을 돌려주었습니다.

그 후 두 사람은 친구가 되었으며 죽을 때까지 우정을 나누었습니다. 여기서 우리가 배울 수 있는 교훈은 무엇일까요? 어떤 사람과의 관계를 개선하고 싶다면 화해를 청한다거나 선물을 하기보다는 그 사람이 기꺼이 들어줄 수 있는 작은 부탁을 하고 감사한 마음을, 진심을 담아 전달하면 의외로 쉽게 관계를 개선할 수 있다는 사실입니다.

이 방법은 거래처나 고객, 부하직원뿐 아니라 자녀와의 관계를 개선하는 데도 활용할 수 있겠죠? 자녀에게도 뭔가 자꾸 베풀어주려고만 하지 말고 오히려 자녀가 부모에게 베풀도록 부탁할 때 더 좋은 사이가 될 수 있습니다.

예를 들면 이렇게 말입니다. "아빠가 이번 회식 때 노래방에 갈 건데, 부르기 쉽고 요즘 인기 있는 노래 몇 곡 다운받아줄래?" "엄마가 바빠서 그러는데 우리 딸이 시금치 좀 다듬어주면 안 될까?"

서양 격언에도 "사람들은 나에게 친절을 베푼 사람보다 내가 친절을 베푼 사람을 더 좋아한다"는 말이 있습니다. 러시아의 대문호 톨스토이도《전쟁과 평화》에서 이렇게 말했습니다. "우리는 다른 사람이 우리에게 잘해준 만큼 그들을 좋아하는 것이 아니라, 우리가 그들에게 잘해준 만큼 그들을 좋아한다."

누군가에게 손쉽게 들어줄 수 있는 작은 부탁을 하고 진심을 담아 고마운 마음을 표현하는 것도 기대치 위반의 작은 감동이 될 수 있습니다.

사랑한다고 말해줘서 고마워!

이번에는 대학생 딸이 엄마에게 실천한 내용입니다.

"새벽에 엄마에게 전화해서 그동안 힘들었던 이야기를 하면서 처음으로 '엄마 사랑해요'라고 말했어요. 엄마는 멈칫거리다가 울음을 터뜨렸어요. 그리고 '사랑한다'고 말해줘서 고맙다고 하셨어요."

이 학생은 사는 게 힘들어 죽고 싶다는 메일을 저에게 보냈습니다. 저는 이 학생에게 이런저런 이야기를 해주면서 '죽기 전에 꼭 해야 할 일을 찾아보고 그중에 아주 작은 일이라도 당장 실천해보는 게 어떻겠느냐'고 제안했습니다.

이 여학생은 죽었을까요? 살았을까요? 잘 살고 있습니다. 이 학생이 사는 지역에서 강의가 있어 공항에서 잠깐 만났는데 엄마에게 사랑한다는 전화를 걸었던 것이 계기가 되어 새 출발을 하게 되었다고 말했습니다.

전화 한 통, '사랑한다'는 말 한마디가 인생을 바꾼 계기가 된 것입니다. 부모님에 대한 사랑을 마음속에 담아두기만 하는 우리 아이들을 위해서라도 오늘 밤 12시가 지나기 전에 자녀에게 사랑한다고 말해보십시오. 표현하지 않은 선의는 선의가 아닙니다.

| Think & Action! |

사람들은 자기에게 호의를 베풀어준 사람보다

자기가 호의를 베푼 사람을 더 좋아한다.

관계를 개선하기 위해

자녀에게 부탁할 수 있는 일은 무엇인가?

언제 누구에게 무엇을 어떻게 부탁할 것이며

그 결과는 어떨 것 같은가?

사과하기에
두 번째로 좋은 때는?

사과란 초강력 접착제와 같다. 그것은 어떤 것이나 수리할 수 있다.
– 림 존스턴

이번에는 10대 딸을 둔 엄마가 그동안 표현하지 못한 미안하다는 말을 딸에게 한 사례입니다.

"자존심이 세서 도통 사과할 줄 모르는 사람이었어요. 책을 읽고 뭘 망설이냐 싶었죠. 그런데 참 힘들대요. 자신과의 싸움이었어요. 그러다 용기를 냈습니다. 아이의 눈을 들여다보며, '어제 엄마가 너한테 화낸 거 미안해'라고 말했습니다. 순간 딸아이의 얼굴이 햇살처럼 밝아지더군요. 근데 왜 그 순간 눈물이 나는 걸까요?"

상담을 하다 보면 자기도 모르게 자녀와 기 싸움을 하고 있는 자신을 발견한다는 분들을 만납니다. 그분들을 통해 얻은 결론은 바로 이것입니다. 자식과의 기 싸움은 이기든 지든 얻는 게 없다는 것입니다. 그 이유는 기 싸움에서 이기면 자식이 기죽거나 엇나가고, 지면 부모가 체통을 잃기 때문입니다.

부모님이 가장 고맙게 느껴질 때

여러분도 자녀와 다툴 때가 있죠? 물론 원인 제공은 주로 아이가 하겠지만, 아이를 혼내다 보면 아이에게 상처를 주고 스스로도 '아차!' 싶을 때가 있잖아요. 그럴 때 얼른 잘못을 인정하고 사과하시나요? 그게 그렇게 쉬운 일은 아니죠?

몇 년 전 청소년들에게 언제 부모님이 고맙게 느껴지는지를 물어보았습니다. 1위가 뭔지 아십니까? 맛있는 것을 사줬을 때? 용돈을 많이 줬을 때? 칭찬을 해줬을 때? 모두 아닙니다.

'부모님이 잘못을 인정하고 미안하다고 사과했을 때'입니다. 어떤 사람과의 갈등을 해결하고 거리를 좁히는 가장 효과적이고 가장 경제적인 방법은 잘못을 인정하고 진심을 담아 미안하다고 사과하는 것입니다.

어린 시절 부모님한테 상처받은 일을 마음에 담아두고 늙어서까지 부모님과의 갈등을 극복하지 못해 힘들어하는 사람이 의외로 많습니다. 부모님이 잘해준 99가지는 당연하게 생각하면서도 서운하게 했던 한 가지는 쉽게 잊지 못하는 것이 사람의 마음입니다. 이처럼 긍정적인 일보다 부정적인 일에 민감하게 반응하는 현상을 심리학에서는 **부정성 편향**Negativity Bias이라고 합니다.

제가 아는 어떤 여자분은 어른이 되어서도 어머니와 별로 사이가 안 좋았는데, 깊이 생각해보니 어린 시절에 어머니로부터 받은 상처 때문이었다는 것입니다. 어머니가 남동생에게는 쌀밥을 주고, 자기에게는 보리밥을 주면서 차별대우를 했다고 합니다. 그 때문에 그분은 어머니가 치매에 걸렸는데도 어머니에 대한 원망을 털어내지 못해 힘들어했고, 지금은 이미 고인이 된 어머니에게 정말 미안하다고 했습니다.

만약에 그분의 어머니가 어느 날 딸에게 혹시 엄마가 섭섭하게 한 게 없냐고 물어보고 이렇게 사과를 했다면 어땠을까요? "아무개야, 그땐 정말 엄마가 어리석었다. 네 오빠가 홍역으로 죽고, 네 동생이 하나 남은 아들이라 아들만 귀하게 여겼구나. 어린 네가 받을 상처는 미처 생각하지 못했어. 엄마가 잘못했다.

정말 미안해"라고 사과했다면 그동안 쌓인 응어리가 눈 녹듯이 사라졌을 것입니다.

어떤 관계에서든 갈등을 해결하고 감정의 골을 메우는 가장 확실한 방법은 누군가가 먼저 잘못을 솔직하게 인정하고 진심 어린 사과를 하는 것입니다.

갈등 해결을 위한 최고의 해결책, '미안해!'

실제로 2014년 미국 마이애미, 미네소타, UCLA대학 합동 연구팀은 성인 337명을 대상으로 가해자가 피해자에게 사과하는 실험을 실시했습니다. 미안하다는 말 한마디로 피해자들은 가해자에 대한 불만이 현저하게 줄고 용서하는 마음을 가졌으며, 사과를 한 가해자들은 같은 잘못을 다시 저지를 가능성이 현저히 줄었습니다. 자녀에게 미안하다고 말하면 같은 실수를 반복할 가능성이 훨씬 더 줄어들 뿐만 아니라 자녀와의 관계도 좋아질 수 있습니다.

자수성가한 아버지는 아들과 사이가 안 좋은 경우가 많습니다. 아마도 자신의 성장 과정에 비하면 자식의 행동이 성에 차지 않고, 경쟁 사회에서 살아남으려면 자식을 강하게 키워야 한다는 생각 때문일 것입니다. 따라서 칭찬, 격려, 위로보다는 무시, 비난, 질책을 더 많이 하게 됩니다.

더 큰 문제는 아버지의 강한 카리스마에 기를 펴지 못하고 자란 아이는 세상을 살아나가는 데 가장 중요한 '나를 아끼고 위하는' 자존감과 '나도 할 수 있다'는 자기 효능감을 갖추지 못하게 된다는 것입니다. 자식에게 부모는 세상으로 나가는 첫 번째 벽이고, 그 벽을 넘어야 더 넓은 세상으로 나갈 수 있습니다.

그래서 가끔 아버지는 자식에게 져줄 필요가 있습니다. 부모가 자식에게 져주는 가장 효과적인 방법은 바로 잘못을 인정하고 사과하는 것이며, 진심 어린 사과 한마디로 부자지간의 갈등을 얼마든지 해결할 수 있습니다.

나는 전혀 아이들에게 잘못한 게 없다, 이렇게 스스로 완벽한 아버지라고 생각하는 분, 계시나요? 그렇더라도 혹시 아이들을 서운하게 했던 일이 없는지 스스로에게 물어보는 시간을 가져보십시오. 자녀에게도 물어보십시오. 만약 그런 적이 있다고 하면 아이들의 말을 반박하거나 변명만 하려 들지 말고, 진솔하게 잘못을 인정하고 진심을 담아 사과해보십시오. 그 순간 모든 것이 풀립니다. 마음이 평화로워집니다.

하지만 이 세상에서 가장 어려운 일 중 하나가 자신의 잘못을 스스로 인정하는 것입니다. 특히 자식이나 부하직원 등 아랫사람에게 잘못을 먼저 인정하기는 정말 어렵습니다. 그래서 저는 '아랫사람에게 잘못을 빌고 용서를 구하는 것보다 더 용기 있는 일은 없다'고 늘 강조합니다.

커뮤니케이션의 제1원칙은 아무리 A라고 말했더라도 듣는 사람이 B라고 들었다면 그건 우리가 B를 말했다는 것입니다. 우리가 아무리 A를 행했다고 해도 자녀가 B를 느꼈다면 그건 B를 행한 것입니다.

부끄러운 20년 전의 일

'돌이켜보니 이런 일이 있었구나. 그런데 너무 오래전의 일이라……' 이런 생각이 들 때가 있으시죠? 저도 그랬습니다. 언젠가 이름만 대면 알 만한 소설가와 저녁을 함께 한 일이 있었습니다.

이런저런 이야기를 나누다가 그분이 "교수님도 아이 문제 때문에 학교에 불려간 적이 있으세요?" 하고 묻기에 제가 "네, 그런데 왜요?" 그랬더니 자신이 겪은 일을 들려주었습니다. "며칠

전에 딸아이 때문에 학교에 불려갔습니다. 제가 담임선생님한테 엄청 혼나고 나오니까 딸아이가 고개를 푹 숙이고 죄송하다고 해서 이렇게 얘기해줬습니다.'

"괜찮아. 엄마는 괜찮으니까 앞으로도 너는 너 하고 싶은 대로 해. 문제가 생기면 엄마가 뭐든 다 처리해줄게, 했더니 아이가 그 후로는 완전히 달라졌어요."

저는 그 이야기를 듣고 정말 부끄러웠습니다. 20년 전의 일이 떠올랐기 때문입니다. 저도 아이 때문에 담임선생님에게 불려간 적이 있었거든요. 나중에 아이에게 제가 이렇게 물었습니다. "너는 도대체 뭐가 부족해서 그런 짓을 한 거니?" 그러자 아이가 이렇게 대꾸했습니다. "그건 불량배 형들이 시켜서 한 거야." 그 말에 제가 "그걸 말이라고 하니?" 하고 되물었습니다.

그랬더니 제 아이가 눈물이 그렁그렁한 눈으로 "그럼 아빠는 저를 못 믿는다는 거예요?" 하는 겁니다. 그때 저는 뭐라고 했어야 할까요? 저는 아버지이면서 심리학자이자 카운슬러니까 당연히 이렇게 말했어야 하지 않을까요? '아니, 아빠는 너를 믿지. 이 세상 모든 사람이 너를 못 믿는다고 해도 아빠는 우리 아들을 믿지'라고 말입니다.

그런데 저는 그 순간 뭐라고 말했을까요? "그래 못 믿는다!" 이 말을 뱉자마자 후회했습니다. 아이에게 사과해야 한다고 생각했는데 타이밍을 놓쳤습니다.

그리고 시간이 흘렀습니다. 제 마음 한구석에서 맴돌던 그 일이 언제부턴가 기억 속에서 사라졌습니다. 그런데 그 소설가의 말을 듣는 순간 그 일이 다시 생각난 것입니다.

동시에 아프리카 속담이 떠올랐습니다. "나무를 심기에 가장 좋은 때는 20년 전이었다. 그다음으로 좋은 때는 바로 지금이다." 저는 즉시 아이에게 전화했습니다. "내일 퇴근하고 시간 되면 아빠랑 저녁 같이 할래?" 그리고 낙원상가에서 만나 저녁을 먹고 길거리 맥줏집에서 맥주를 한잔 하면서 말을 꺼냈습니다.

너는 혹시 그때 기억이 날지 모르겠다. 20년 전쯤 네가 중학교 다닐 때 이런 일이 있었어. 아빠가 말을 불쑥 뱉어놓고 얼마나 후회했는지 모른단다. 그런데 타이밍을 놓쳐 여태까지 사과를 하지 못했다. 정말 미안하다.

그때 그 어린 것이 불량배들에게 협박을 받고 또 선생님에게 혼나면서 얼마나 겁이 났을까. 그런데 아빠라는 사람이 생각 없이 그런 말을 하다니……. 정말 미안하다. 많이 늦었지만 아빠를 용서해줄래?

그랬더니 아이가 웃으면서 이렇게 말하는 겁니다. "아빠 그런 일이 있었던 거 같기는 해요. 그런데 무슨 책에 나오는 스토리 같아요. 좋아요. 용서해드릴게요." 이 말을 듣고 저는 이제는 다 커서 한 아이의 아버지가 된 제 아들을 꼭 안아줬습니다. 얼마나 속이 후련했는지 모릅니다.

Think & Action!

"나무를 심기에 가장 좋은 때는 20년 전이었다.

그다음으로 좋은 때는 바로 지금이다."

– 아프리카 속담

자녀에게 미안하다고 사과했어야 하는 일 한 가지를 찾아보자.

언제 어떻게 사과를 할 것이며.

그 결과는 어떨 것 같은가?

미루지 말고
지금 하십시오

후회는 아무리 빨라도 늦고 시작은 아무리 늦어도 빠르다.
— 레무스 리언

스티브 잡스, 2011년 10월에 세상을 떠났으니…… 세월이 참 빠르죠? 여러분은 스티브 잡스의 사망 기사를 보면서 어떤 생각을 하셨나요? 저는 이 대목의 기사를 읽으면서 눈물이 날 뻔했습니다.

"나는 늘 아이들하고 함께 할 수 있는 시간이 없었다. 훗날 우리 아이들이 아빠가 왜 그렇게밖에 할 수 없었는지, 그리고 아빠가 무슨 일을 했는지 이해해줬으면 좋겠다. 내가 가장 괴로운 건 가족과 헤어지는 것이다."

스티브 잡스가 죽기 직전에 자신의 전기 작가에게 털어놓은 말입니다. 스티브 잡스, 그 개인에 대한 평가는 저마다 다르겠지만 어떤 분야에서 정말 위대한 업적을 낸 인물이라는 데는 이의가 없겠죠? 이런 큰 성취를 이룬 사람이 왜 죽기 직전에 가족과 함께 더 많은 시간을 보내지 못한 것을 후회했을까요? 여러분, 상상해보십시오. 스티브 잡스가 과연 이런 일로 후회를 했을까요?

'아이폰 5는 반드시 내가 프레젠테이션 했어야 했는데……' 또는 'IBM은 반드시 M&A하고 죽어야 했는데……' 아니겠죠? 이 책을 읽는 부모님 중 생의 마지막 순간에 혹시 이렇게 후회하는 분이 있을까요? '그때 더 심하게 혼내서 1등을 하게 만들었어야 했는데……' '아이의 꿈과 희망은 완전히 무시하고 반드시 그 대학에 입학시켰어야 했는데……' 이런 걸로 후회하는 부모는 아마 없을 것입니다.

우리는 왜 일을 하는 걸까요? 가족과 함께 행복하게 살기 위해서입니다. 그런데 안타깝게도 일에 빠지다 보면 삶의 본질을 놓칠 때가 많습니다. 그래서 가끔씩 멈추고 생각할 시간을 가져야 합니다.

가슴과 입까지의 거리 30cm

혹시 엘리자베스 퀴블러 로스가 쓴 《인생수업》이라는 책, 읽어보셨나요? 이분은 죽음을 앞둔 환자의 심리를 연구해서 '죽음의 심리학자'라고 불립니다. 이분도 몇 년 전에 돌아가셨는데, 그녀가 쓴 마지막 책이 바로 《인생수업》입니다. 이 책을 보면 죽음을 앞둔 환자들이 생을 마감할 때 후회하는 건, 생각보다 거창하지 않습니다.

사람은 죽을 때 어떤 일로 후회할까요? '우리 아이 물장구치는 거 좋아했는데, 왜 그때 더 자주 데리고 다니지 못했을까…….' '우리 딸이 힘들어할 때 왜 손 한 번 잡아주지 못했을까…….' '그때 왜 그렇게 심하게 혼냈을까? 미안하다고 사과할걸…….' 대개는 이런 사소한 일로 후회합니다.

상담을 하다 보면, 가슴에서 입까지는 30cm도 안 되는데 가족을 위해 가슴속에 담아둔 좋은 생각들을 입 밖으로 표현하는 데 30년 이상 걸렸다는 사람들을 만납니다. 안타까운 건 정말 소중한 사람에게 해야 할 진짜 중요한 말을 마지막 순간이 지난 다음에야 과거형으로 한다는 겁니다.

장례식장에서 촛불을 켜놓고, '여보, 당신이 있어서 좋았어' 이러면 안 되겠죠? 현재형으로 말해야 합니다. 오늘 밤 12시가 지나기 전에 자신의 마음을 현재형으로 표현해보십시오. '여보, 당신이 있어 좋아!' 그리고 아이에게도 문자를 보내보십시오. '성적 떨어졌다고 너무 스트레스 받지 마라. 아빠는 네가 이렇게 건강한 것만으로도 고맙다!' '지난번 엄마가 화낸 거 미안해. 사랑한다, 우리 딸!' 이렇게 말입니다. 참 쉽죠?

죽음에 대한 직면, 삶에 대한 조망을 바꾼다

현재를 가장 효과적으로 바꿀 수 있는 방법은 미래를 현재로 끌어오는 것입니다. 그리고 나중에 후회하지 않는 가장 지혜로운 방법은 죽음을 현재로 끌어오는 것입니다. 죽음이란 우리가 미리 가볼 수 있는 미래의 최북단이기 때문입니다. 죽음에 대한 직면은 인생의 유한성에 대한 자각을 증폭시켜 삶에 대한 조망에 극적인 변화를 일으킵니다. 그리고 이것이 자신과 타인에 대한 태도와 행동을 완전히 변화시키는 계기가 됩니다.

미처
말하지
못했어~
사랑해!
고마워!
미안해!

미국의 상원의원 리처드 뉴버거는 암 선고를 받고 난 다음의 변화에 대해 이렇게 말했습니다.

"역행할 수 없는 변화가 나에게 왔다. 명성, 성공, 경제력에 대한 질문 자체가 모두 무가치해졌다. 암에 걸렸다는 사실을 알았을 때 처음 몇 시간 동안 나의 상원의원 자리, 은행계좌, 세상의 권위에 대해 생각해보지 않았다. 암 진단을 받은 이후 나는 아내와 다툰 적이 없다. 나는 아내가 치약을 아래부터 짜지 않고 위부터 짜는 것, 정성을 다해 음식을 준비하지 않는 것, 나와 의논 없이 초대 손님의 명단을 바꾸는 것, 옷을 사는 데 너무 많은 낭비를 하는 것에 대해서 불만을 토로하곤 했다. 그러나 지금은 이러한 일들에 대하여 관심을 가지지 않으며, 이런 것들이 살아가는 데 크게 중요한 문제가 아니라고 여기게 됐다. 그 대신 내가 병을 얻기 전에 당연하게 생각했던 것들, 즉 친구들과 함께 점심을 먹는 것, 고양이가 귀를 긁는 소리를 듣는 것, 침실 램프 아래에서 책을 읽는 것, 케이크 한 조각이나 오렌지주스 한 잔을 마시기 위해 냉장고를 여는 것 등에 대한 고마움이 생겨났다. 생애 처음으로 나는 정말로 인생의 의미를 맛보고 있다고 생각했다. 마침내 나는 영원불멸한 존재가 아니라는 것을 깨달았다. 내 인생 중 건강이 가장 좋았을 때조차도 거짓된 기만, 인위적인 가치들, 그리고 터무니없는 경멸로 잘못한 일들을 기억할 때마다 몸이 떨린다."

미래의 죽음을 현재로 끌어오면 부질없는 일에 대한 집착이 줄어들고 소중하고 의미 있는 일에 집중할 수 있습니다. 다른 사람의 실수에 좀 더 너그러워지고, 당연하게 여기던 것들에 감사하며, 더 이상 미루지 말아야 할 일이 무엇인지 찾아냅니다. 그 결과 삶의 질이 완전히 달라질 수 있습니다.

시간이 생각처럼 많지 않습니다

저는 아이들 때문에 속이 상하거나 아내와 다투고 화가 날 때는 속으로 이런 생각을 해봅니다. '오늘이 살아 있는 마지막 날이라면? 그래도 이렇게 속이 상하고 화가 날까?' 이런 생각을 하다 보면 어느새 마음이 가라앉은 저 자신을 발견하게 됩니다.

그래서 심리학자들은 내담자의 태도와 행동을 변화시키기 위해 입관 체험을 권하거나 묘비명이나 유언장을 작성하도록 권하기도 합니다. 사실 생각보다 시간이 그리 많지 않습니다. 아이들은 어느새 자라 부모 곁을 떠나고 우리는 금세 늙어 아이들 곁을 떠납니다. 삶은 우리가 생각하는 것보다 훨씬 짧습니다. 만일 소중한 가족에게 해야 할 중요한 말이 있다면 더 미루지 말고 바로 오늘 해야 합니다.

언젠가 저는 30대였고 우리 부모님은 60대였습니다. 지금은 제 아들이 30대이고, 저는 벌써 60대가 되었습니다. 그리고 이제는 부모님을 더 이상 만날 수 없습니다. 언젠가 우리 아이들도 60대가 되어 저를 더 이상 만날 수 없게 될 것입니다. 그때 아이들은 저를 어떤 부모로 기억하게 될까요?

모든 위대한 성취에는 반드시 첫 번째 작은 시작이 있습니다. 오늘이 바로 그날이라 생각하고 오늘 안으로 실천할 수 있는 작은 일 하나를 찾아보십시오. 그리고 밤 12시가 되기 전에 그걸 실천해보십시오. 작은 일이어야 합니다. 너무나 작아서 실천하지 않을 수 없는 그런 작은 일이어야 합니다.

언젠가 어느 그룹 신임 임원들에게 강의를 한 적이 있습니다. 강의를 막 끝내려고 하는데, 한 분이 손을 들었습니다. "교수님, 조금 전에 제 딸에게 '아빠는 네가 아빠 딸로 태어나줘서 정말 고마워. 사랑한다. 우리 딸 ♥♥♥' 이라는 내용의 문자를 보냈거든요. 답문자를 받았는데 교수님처럼 상호성의 원리가 작동하지 않는데요?"

"뭐라고 답문자 왔는데요?" "아빠, 어디 아파?" 네, 그게 바로 상호성의 원리입니다. 따님이 아빠의 문자를 받고 얼마나 놀랐겠습니까? '와, 우리 아빠도 이런 문자를 다 보내네? 그런데 이 상하다? 우리 아빠 생전 이런 말 할 줄 모르는데. 아직 담배를 못 끊었는데 혹시 폐암 걸린 거 아닐까?'

그래서 그런 문자를 보냈을 것입니다. 그럼 다시 답문자를 보내보십시오. '연습이다', 딱 네 자만 보내십시오. 그리고 집에 가서 설명해주십시오. '아빠는 우리 딸이 제일 좋아. 그런데 여태 한 번도 그런 표현을 못했어. 그래서 아빠가 오늘 강의에서 배운 걸 연습해봤다.' 이렇게 작게 시작하는 겁니다.

엘리자베스 퀴블러 로스는 《인생수업》의 말미에 이렇게 적었습니다. "생의 마지막에 이르러 사람들은 많은 배움을 얻지만 대개 그 배움을 실천하기에는 너무 늦습니다. 생의 마지막 순간에 간절히 원하게 될 것, 그것을 지금 하십시오!"

Think & Action!

오늘이 살아 있는 마지막 날이라고 가정하라.

자녀에게 꼭 해주고 싶은데

마음속에만 담아두고 있는 말

한마디만 찾아보자.

누구에게 언제 어떤 내용을 어떻게 표현하겠는가?

좋은 부모가 되기 위한 **부모공부 10계명**

부모가 되기는 쉽다. 그러나 좋은 부모가 되기는 어렵다.

01 사람은 자기가 좋아하는 사람의 말을 듣는다.
　　– 옳은 말만 하지 말고 좋아하는 부모가 되도록 노력하자.

02 사랑은 의도적으로 선택하고 노력하는 기술이다.
　　– 생각하고, 공부하고, 표현하고, 연습하자.

03 식탁의 분위기가 가족관계를 결정한다.
　　– 밥상머리 교육 자제하고 함께 밥 먹고 싶은 부모가 되자.

04 지혜로운 사람은 문제의 원인을 자신에게서 찾는다.
　　– 자식 탓만 하지 말고, 문제의 원인을 내부에서 찾아보자.

05 자식은 우리 곁에 잠시 머무는 손님이다.
　　– 서운하거나 속상할 때는 자식을 마치 귀한 손님처럼 생각하자.

06 성공과 행복의 열쇠는 장기적인 시간 전망이다.
　　– 미래로 미리 가서 늙었을 때 자녀와의 관계를 상상해보자.

07 마음의 평화를 얻으려면 모르는 척하는 일이 많아야 한다.
　　– 모든 것을 알려고 하지 말고, 때론 알아도 모르는 척 넘어가자.

08 관계 회복에 사과보다 더 효과적인 것은 없다.
　　– 원인 제공 따지지 말고 잘못한 게 있으면 얼른 사과하자.

09 부모가 잘 지내는 것이 자녀에겐 최고의 선물이다.
　　– 자녀를 사랑한다면 자녀의 엄마(아빠)와 잘 지내자.

10 마지막이라고 생각하면 소중한 것이 보인다.
　　– 오늘이 생의 마지막 날이라 여기고 지금 당장 실천하자.

나 자신을 먼저 변화시켰더라면……

내가 젊고 자유로워서 상상력에 한계가 없을 때
나는 세상을 변화시키겠다는 꿈을 가졌었다.

좀 더 나이가 들고 지혜를 얻었을 때
나는 세상이 변하지 않으리라는 것을 알았다.
그래서 내 시야를 약간 좁혀
내가 살고 있는 나라를 변화시키겠다고 결심했다.
그러나 그것 역시 불가능한 일이었다.

황혼의 나이가 되었을 때 나는 마지막 시도로,
나와 가장 가까운 내 가족을 변화시키겠다고 마음먹었다.
그러나 아무것도 달라지지 않았다.

이제 죽음을 맞이하기 위해 자리에 누운 나는 문득 깨닫는다.

만약 내가 나 자신을 먼저 변화시켰더라면,

그것을 보고 내 가족이 변화되었을 것을…….

또한 그것에 용기를 얻어 내 나라를

좀 더 좋은 곳으로 바꿀 수 있었을 것을…….

그리고 누가 아는가? 세상까지도 변화되었을지!

– 영국 웨스트민스터 대성당 어느 주교의 묘비

무지로 인해 길을 헤매는 경우는 없다

여러분은 이제 이 책을 다 읽으셨습니다. 어쩌면 이미 다 알고 있는 내용이라고 생각하실지 모르겠습니다. 그렇습니다. 이 책에 특별히 어려운 내용은 없습니다. 거창한 이론을 소개한 것도 아닙니다.

대학원을 마치고 카운슬링을 시작하면서 처음 자녀교육에 대한 강의 요청을 받았습니다. 아이를 키워보지는 않았지만 심리학을 공부하면서, 그리고 상담을 하면서 아이를 어떻게 키워야 할지 길이 보이는 듯했습니다. 그래서 출강했는데 기대 이상으로 반응이 좋았습니다. 아이가 태어나고 초등학교를 졸업할 때까지 점점 제 나름의 방향이 잡히기 시작했습니다. 아이도 저를 좋아하고 잘 따랐습니다. 전문가의 길에 들어섰다고 생각했습니다.

하지만 그것은 착각이었습니다. 아이가 중학교에 들어가면서, 학교 적응에 힘들어하고 소통이 힘들어졌습니다. 제 나름대로 최선을 다했지만 여전히 어려웠습니다. 그리고 가끔 겪게 된 아내와의 갈등이나 누군가와의 오해를 경험하면서 생각이 달라졌습니다. 심리학을 공부했다고 사람을 다 이해하고 소통을 잘할 수 있는 것은 아니었습니다. 오히려 잘 안다고 믿은 것이 소통을 더 방해한 것입니다.

안다고 믿다가 길을 잃을 뿐이다

소통의 문제는 모르기 때문에 생기는 것이 아니었습니다. 마음속의 생각을 제대로 표현하지 않고도 "당연히 다 알겠지"라고 지레짐작하거나, 상대방의 얘기를 제대로 들어보지도 않고 마치 독심술사처럼 '난 이미 다 알고 있다'고 넘겨짚기 때문에 생기는 경우가 더 많았습니다.

시간이 많이 지난 다음에야 장자크 루소가 했던 이 말의 뜻을 이해할 수 있었습니다. "무지로 인해 길을 헤매는 경우는 없다. 그저 자신이 안다고 믿다가 길을 잃을 뿐이다." 사실 운전할 때도 길을 잘못 들어서 엉뚱한 곳에서 헤매던 때를 떠올려보면 예외 없이 그쪽으로 가면 된다고 믿었을 때였습니다.

처음부터 모른다고 생각했으면 지도를 미리 보던지, 멈추고 다른 사람들에게 길을 물었을 텐데, 이미 알고 있다고 생각하니까 길을 헤맸던 것입니다. 자녀나 배우자를 포함해서 누군가와 소통을 할 때도 마찬가지입니다. 어떤 관계에서든 갈등을 겪을 때는 예외 없이 그 문제의 원인에 대해 제 나름의 확신을 가지고 있었습니다.

지나고 보니 뭐든 잘 알고 있다고 믿을 때 문제가 생기기 쉽고, 모른다는 것을 받아들일 때 문제가 풀리기 시작했습니다. 아이들과의 관계에서도 다 안다고 생각하며 가르치려고 하면 갈등이 일어나고, 잘 모른다는 것을 인정하고 배우려는 자세를 취하면 갈등이 풀리는 경우가 많았습니다.

사실 자녀교육이나 소통에서 정답은 없습니다. 똑같은 말을 해도 사람에 따라 다르게 받아들이고, 똑같은 사람에게 같은 말을 해도 나이나 처한 상황에 따라 다르게 느낄 수 있기 때문입니다. 그러나 문제가 무엇이든 관계와 소통의 문제에서 벗어날 수 있었을 때를 보면 예외 없이, 제 판단이 틀릴 수 있다는 사실을 받아들이고 배우려는 자세를 취할 때였습니다.

하지만 그게 쉬운 일은 아닙니다. 새로운 생각을 받아들이려면 지금까지 믿고 있던 것을 버려야 하는데, 새로운 아이디어를 받아들이는 것보다 과거의 생각을 버리는 것이 훨씬 더 어렵기 때문입니다. 그렇지만 관계와 소통의 문제를 해결하려면 무엇보다 먼저 지금까지의 생각에서 벗어나 그동안 반복했던 비효과적인 방법을 중단해야 합니다. 문제의 원인을 자신에게서 찾고 배워야 할 필요성을 받아들이면 관점이 달라지고 의외로 쉽게 문제를 해결할 수 있습니다.

사과 씨 속의 사과는 셀 수 없다

이 책을 끝까지 다 읽은 여러분 모두 이 책을 통해 성공적인 삶을 살 수 있으면 좋겠습니다. 그런데 성공적인 삶이란 과연 무엇일까요?

세계적인 경영 컨설턴트 짐 콜린스는 성공을 이렇게 정의했습니다. "성공이란 세월이 흐를수록 가족과 가까운 사람들이 점점 더 나를 좋아하게 되는 것이다." 아시다시피 경영 컨설턴트라면 경영자들에게 사업을 잘하도록 자문하는 일이 주된 역할인데, 짐 콜린스는 왜 이렇게 성공을 낭만적으로 정의했을까요?

사업에서 탁월한 성과를 낸 사람도 노후에 인생을 후회하는 경우가 많기 때문입니다. 일에서 손을 떼고 나면 가족과 가까운 사람들이 곁을 떠난 사례가 많고, 사회에서 아무리 크게 성공했다고 해도 주변에 아무도 남아 있지 않다면 그건 결코 진정한 성공이라고 할 수 없기 때문입니다.

맞습니다. 괴테도 벌써 200년 전에 이렇게 말했으니까요. "왕이건 농부건 가정에서 평화롭지 못한 자는 결코 행복할 수 없다." 이 책을 통해 독자 여러분 모두가 세월이 흐를수록 가족과 가까운 사람들이 점점 더 여러분을 좋아하는 그런 성공적인 삶을 사는 분들이 될 수 있기를 간절히 소망합니다.

서양 속담에 "사과 속의 사과 씨는 셀 수 있어도 사과 씨 속의 사과는 셀 수 없다"는 말이 있습니다. 책을 읽고 오늘 여러분이 실천한 그 작은 일이 여러분 자신과 여러분의 가족, 그리고 여러분이 만나는 사람들의 삶에 얼마나 큰 변화를 일으킬지 그것은 아무도 모릅니다. 여러분의 실천 결과를 기다리겠습니다.

저자 이민규

lmk@ajou.ac.kr

····· 어떤 사람으로 기억되고 싶은가? ·····

"죽어서 어떤 사람으로 기억되고 싶은가?" 이 질문을 통해 우리는 완전히 새로운 삶을 살 수도 있다. 왜냐하면 이 질문은 우리 자신과 우리가 하고 있는 일에 대한 관점을 변화시켜, 우리로 하여금 진정으로 되고 싶은 자기가 되도록 압력을 가하기 때문이다.

1. 우리 부모는 나에게 어떤 사람으로 기억되고 있는가?

① 부 _____

② 모 _____

2. 죽은 후 나는 가족에게 어떤 사람으로 기억되고 싶은가?

① 배우자에게 _____

② 자녀들에게 _____

③ _____ 에게 _____

3. 그렇게 되기 위해 지금 해야 할 결단(決斷)은 무엇인가?

① Not to do _____

② To do _____

③ Do it now _____

아는 것만으로는 부족하다.

적용해야 한다.

생각하는 것만으로는 부족하다.

행동해야 한다.

– 괴테 –